D037205g

JUAN GABRIEL

LO QUE SE VE NO SE PREGUNTA

NOFICCIÓN

Las opiniones y manifestaciones de cualquier tipo conte-
nidas en la presente OBRA, no reflejan en modo alguno la
forma de pensar o la posición de cualquier índole de EDICIO-
NES B MÉXICO, S.A. DE C.V., ni de sus filiales o funcionarios,
ya que son responsabilidad única y exclusiva del AUTOR.

JUAN GABRIEL
Lo que se ve no se pregunta

Primera edición, noviembre 2016

D.R. © 2016, Braulio Peralta, de la compilación

D.R. © 2016, Ediciones B México, S.A. de C.V.
        Bradley 52, Anzures CX-11590, MÉXICO
        www.edicionesb.mx
        editorial@edicionesb.com

ISBN 978-607-529-097-3

Impreso en México | *Printed in Mexico*

Todos los derechos reservados. Bajo las sanciones establecidas en
las leyes, queda rigurosamente prohibida, sin autorización escrita
de los titulares del *copyright,* la reproducción total o parcial de
esta obra por cualquier medio o procedimiento, comprendidos la
reprografía y el tratamiento informático, así como la distribución
de ejemplares mediante alquiler o préstamo público.

JUAN GABRIEL

LO QUE SE VE NO SE PREGUNTA

WITHDRAWN

BRAULIO PERALTA

COMPILADOR

EDICIONES B

MÉXICO · BARCELONA · BOGOTÁ · BUENOSAIRES · CARACAS
MADRID · MONTEVIDEO · MIAMI · SANTIAGO DE CHILE

JUAN GABRIEL EN SU BALCÓN

Braulio Peralta

Si Pedro Infante, Agustín Lara, José Alfredo Jiménez, Lola Beltrán o María Félix hubieran tenido un libro como este de Juan Gabriel, que recogiera las voces que en su tiempo expresaron el duelo masivo por esos personajes, su historia sería más fácil de comprender y podríamos regresar a esos recuerdos de cuando un pueblo y los medios de comunicación se volcaron a celebrarlos, pensarlos, describirlos, sentirlos tan cerca como para creer que aún siguen entre nosotros.

Aquel 28 de agosto de 2016 las redes sociales jugaron un papel protagónico al difundir la noticia de la muerte de Juan Gabriel: desde ese día y ya bien entrado el mes de septiembre, no hubo un alma que no expresara su opinión sobre la partida de *El Divo* de *Juárez*. Su música se escucha en todas partes y hay escenas de enorme ternura dignas de contar, como la del niño aquel de cinco años al que vimos cantar una pieza de 1971, «No tengo dinero»; jugaba con una bandera con el rostro de Juan Gabriel y susurraba: «*...lo único que tengo es amor para dar...*».

Juan Gabriel dejó a los mexicanos discutiendo sobre la libertad de expresión, el derecho a toda diferencia, la calidad de su música, las anécdotas de su vida, las intromisiones en la vida privada familiar, los pleitos por el legado del compositor, los nuevos intérpretes de su música, sus discos más vendidos, los chismes sobre su sexualidad. Y una confirmación: Carlos Monsiváis fue el más citado por la crónica que realizó en el libro *Escenas de pudor y liviandad,* dándole ya en 1986 el estatus de ídolo popular, icono de una época, figura imprescindible de la música; el cantautor que sustituyó el rostro del machismo por el de un ser amanerado al que México entero le perdonó todo y que los hizo bailar, cantar y jotear.

En este libro hacemos una antología de materiales que consideramos aportan razones y emociones por las cuales Juan Gabriel es quien es en la música nacional e internacional. Publicados entre el día de su muerte y hasta el 12 de septiembre, proceden de prácticamente todos los medios de comunicación impresos en el país: del *Reforma* a la revista *Proceso,* de *La Jornada* a *El Universal, Excélsior* o *Milenio.* Muchos de ellos se consignan tal cual aparecieron en esas fechas y algunos fueron rehechos para la presente obra. Los hay también inéditos porque nos interesaban voces jóvenes y periodistas dedicados a otras áreas de la información, aunque impactados con el fenómeno de Juan Gabriel.

Creemos que al reunir estos textos, acompañados de fotos del artista, bien pudo ser así con las figuras populares del pasado; como una cápsula del tiempo, tendríamos un acercamiento analítico al sentir del pueblo hacia sus ídolos, un abanico de voces de la época y, acaso, la síntesis de los afectos de los mexicanos en un momento particular. Agradecemos a los escritores y periodistas que cedieron sus derechos de publicación. No son todos los artículos que se dedicaron en esas fechas a Juan Gabriel, pero sí representan la suma de pensamientos afines.

He aquí, pues, a Juan Gabriel en su balcón.

Ciudad de México

Las puertas del panteón
se abrieron de par en par.
Sepultaron a mi amor,
juré no volver a amar.
Hasta la tumba llegué,
donde hoy descansa en paz.
Y en su tumba le dejé,
tres claveles y un rosal.

«Tres claveles y un rosal»

DIÁLOGO EN EL PURGATORIO

Juan Carlos Bautista

Alberto Aguilera: ¿Estás listo, Juan Gabriel?

Juan Gabriel: ¿Para qué? No te entiendo.

AA: Para la muerte. Estamos muertos; no era un sueño, no era el insomnio, Juan Gabriel. Asómate por la ventana, ¿qué ves?

JG: Ah, son mis admiradores, vienen a verme. Siempre vienen a verme. Los adoro. A veces son un poco... son una lata, pero los adoro. Aunque luego... (*Sorprendido*). ¿Por qué están llorando?

AA: Están llorando por ti. ¿Ya entendiste? Estás muerto.

JG: (*Alterado.*) No, querido, perdóname. Juan Gabriel no se puede morir. Además, míralos: se ve que lloran, sí, pero también están cantando y bailando... ¿Juan Gabriel muerto? (*se ríe nerviosamente*). La gente no iba a hacer de mis funerales un carnaval.

AA: A eso los acostumbraste.

JG: ¿A qué? ¿Crees que estoy loco?

AA: No, pero nunca encontraste la frontera entre la alegría y la tristeza.

JG: ¿Me estás llamando bipolar?

AA: No, querido. Bipolar es una palabra tan... María era bipolar, Jacobo... Tú y yo no. Los pobres no podemos ser bipolares. Eso déjalo para la gente que se puede dar el lujo de ponerle casa a cada sentimiento.

JG: ¿Pobres? Tu descaro me deja de una pieza. Fuimos inmensamente ricos.

AA: Sí, pero la gente te amó porque nunca dejaste de ser el muchacho humilde, porque nunca dejaste de ser *pueblo*. De todas tus creaciones, la que mejor te salió fue la sinceridad. Felicidades.

JG: ¿Me estás llamando hipócrita? ¿Tú crees que toda esa gente que está allá abajo llorándome y cantando mis canciones me lo perdonaría?

AA: Ellos también están actuando sus sentimientos y también son sinceros. La sinceridad es el gran pacto de sangre entre el ídolo y su público. Mira a esa mujer que se arregla antes de activar Periscope y soltarse a llorar... ¿Me crees tan estúpido para pensar que no es sincera? Sólo pienso que la sinceridad necesita mucho entrenamiento para ser verosímil.

JG: Me choca cuando te pones de intelectual.

AA: Tú tienes la culpa, tú elegías a la gente de la que te querías rodear. Por ejemplo, ese Monsiváis... Ni siquiera se peinaba ni se quitaba la caspa del saco.

JG: ¡Ah, Monsi! ¿Crees que nos lo encontremos?

AA: Si nos mandan al Infierno, seguramente.

(*El clamor que sube de la Tierra aumenta.*)

JG: ¡Virgen santa! ¡Su dolor me duele tanto!

AA: ¡Nuestro pobre pueblo! Ha sufrido tanto que un llanto así le hace bien. Eras un mago, amigo. Sólo tú podías con tanto dolor dar tanta alegría.

JG: Le di alegría a todos menos a ti, Alberto. Por lo visto me odias.

AA: ¿Odiarte yo? (*Perturbado y como despejándose una idea de la cabeza*). Claro que no. Nunca. Siempre te amé, siempre te admiré, Juan Gabriel. Pero no olvides que un día decidimos separarnos por bien de los dos. Si hubieras seguido cargando conmigo, nunca hubieras pasado de ser un pobre diablo.

JG: No hables así, yo soy creación tuya. Juan Gabriel no sería nada sin ti.

AA: No, querido, no es así. Tú eres creación de todos ellos: míralos y luego mírate a ti mismo. Son iguales. A ambos les gusta lo mismo y les duele lo mismo. Igual de llorones y extraños. Juan Gabriel es eterno. A mí, Alberto Aguilera, me van a olvidar...

JG: Pero tú eres el creador de todas esas canciones que ellos aman.

AA: Te equivocas. No aman mis canciones. Son mediocres: ahora estoy muerto y puedo aceptarlo. Aman esas canciones porque juntos las reinventaron.

JG: Tengo miedo, Alberto.

AA: Sobrevivimos al envejecimiento, que es más cabrón. Sabremos estar el uno sin el otro.

JG: Abrázame, por favor. Abrázame muy fuerte.

(*Se abrazan, sollozan en silencio.*)

AA: Bueno, ya. Debes prepararte.

JG: ¿Para qué?

AA: Mira, ahora están llevando tu féretro al Palacio de Bellas Artes. Ahí es donde tu fama comenzó a ser leyenda. Ponte listo porque está por comenzar la más grande de tus presentaciones.

JG: Tengo miedo.

AA: Sonríe, haz como siempre. Saca la casta. La tristeza es una canción. Ahora comienzas a ser eterno.

JUAN CARLOS BAUTISTA
(Tonalá, Chiapas, 1964)

Es autor de *Lenguas en erección* (poemas, 1990), *Paso del Macho* (novela, 2011), y *Amor chacal* (video-documental, 2011). De su libro *Cantar del Marrakech* (Tierra Adentro, 1993, y La Centena Poesía, 2005) es el poema que aquí reproducimos: «Juan Gabriel maldito».

Probablemente ya
de mí te has olvidado.
Y sin embargo yo
te seguiré esperando.
No me he querido ir
para ver si algún día,
que tú quieras volver
me encuentres todavía.
Por eso aún estoy
en el lugar de siempre,
en la misma ciudad
y con la misma gente.

«Se me olvidó otra vez»

OSCURA SOLEDAD

Hernán Bravo Varela

A Armando Vera

No poseía la venérea elegancia de Agustín Lara; lejos de componer elegías para la pequeña muerte, celebró el «amor eterno e inolvidable» aun desde «la misma soledad» del sepulcro. Si bien su voz no era el canto —sino el desgañitadero— del cisne, rehuyó a la noche del alcohol y de la hombría en José Alfredo Jiménez. Más próximo a la austeridad de Armando Manzanero, Juan Gabriel hizo de la improvisación y el ritornelo estrategias de persuasión estética. Sus canciones son mantras comentados al paso, en los que el «mundanal ruido» se antoja indispensable para meditar sobre los sentimientos. Ruido blanco de la letra mezclado con el ruido de fondo de la música, repeticiones como un bajo continuo que abren paréntesis mucho más extensos que la propia canción, cerrados luego para hacer una pausa indefinida en la memoria, incapaz de fijar un solo recuerdo de la misma vivencia. Como en «Se me olvidó otra vez», lo único que guía a esa memoria abierta y cambiante, desplazada y travesti, a su *lugar de siempre, en la misma ciudad y con la misma gente*», es la voz; para que quien la escucha, al volver de su trance, no encuentre nada extraño. Pero el mal —el don contradictorio, la lección efímera— de la extrañeza ya está hecho: así como una melodía de Juan Gabriel jamás era igual en vivo y en directo, empeñada en ofrecer variaciones a un mismo tema, nuestra experiencia es un prolongado *déjà vu* de sí, un reiterado olvido, un fantasma que ve en nosotros su antiguo *«lugar de siempre»*, su terruño en carne viva.

Si el amor y el desamor son al mismo tiempo obsesivos e incomunicables, ¿para qué ordenar sus sensaciones, para qué dotarlos de elocuencia? ¿Qué caso tiene convertir el ardor en una ofrenda lírica, cuando el gemido pasional o el espumarajo de rabia lo revelan a aquel de cuerpo entero, sin sublimaciones? De ahí que Juan Gabriel trabajara con materias residuales y no con el inventario modernista de Lara o el bucólico de Jiménez: el ripio, el uso enfático de los pronombres, la dislocación sintáctica, la agramaticalidad y hasta jitanjáforas que suelen confundirse con vocalizaciones. El sentido, ausente de muchos estribillos y coros, se revela en trabalenguas de gran economía conceptual y torrencialidad emotiva: *«No sé por qué realmente tú a mí ya no me interesas»*, *«Cómo quieres tú que te olvide si estás tú, siempre tú, tú, tú, siempre en mi mente»*, *«¿No tienes nada-nada-nada-nada-nada-nada-nada-nada? / Que no, que no».* La legibilidad y la retórica, parecía decirnos Juan Gabriel, son vanos empeños de los que nada tienen que decir, fábulas para soportar el peso de las historias sin palabras.

Como López Velarde, el cantautor juzgaba con incredulidad las rimas perfectas y prefería, en cambio, insólitas coincidencias sonoras:

Mira que
el día que de mí
te enamores, yo
voy a ser feliz
y con puro amor
te protegeré,
y será un honor
dedicarme a ti,
eso quiera Dios.
El día que de mí
te enamores tú,
voy a ver por fin
de una vez la luz.
Y me desharé
de esta soledad,
de la esclavitud.
Ese día que
tú de mí, amor, te enamores, tú,
veré por fin de una vez la luz.
De mí enamórate.

Para alguien que construía laberintos a fin de perderse en sus encrucijadas, la rima y su «galana pólvora» eran fuegos de artificio tan avejentados como inútiles. No exagera Eduardo Milán al señalar que *El Divo de Juárez* es nuestro único compositor en prosa. Al modernismo de la canción mexicana debía, en efecto, suceder el verso libre, la vecindad con la prosa y lo prosaico. Y claro: la vanguardia sexual y escénica que acompañó ese salto al vacío, la revolución que Juan Gabriel incitó en un público harto del oropel y del sarape, secreta o furiosamente ávido de lentejuelas.

Hace más de ochenta años, José Vasconcelos lamentó con orgullo herido la «literatura afeminada» de *Contemporáneos*; sobra decir que el «grupo sin grupo» ganó la batalla contra un nacionalismo parroquial y machista. En su «*oscura soledad*», Juan Gabriel brindó la misma victoria a la música y la cultura populares. Ese mérito es ya suficiente para abrirle, en vida y muerte, las puertas del Palacio de Bellas Artes al primerísimo autor de la «canción afeminada».

HERNÁN BRAVO VARELA
(Ciudad de México, 1979)

Es autor de cinco libros de poemas, dos de ensayo literario y numerosas traducciones de autores como Emily Dickinson, Oscar Wilde y T. S. Eliot. Su poemario más reciente es *Hasta aquí* (Almadía, 2014).

Tú estás siempre en mi mente,
pienso en ti, amor, a cada instante.
Cómo quieres tú
que te olvide si estás tú,
siempre tú, tú, tú, siempre
en mi mente.

«Siempre en mi mente»

LA ÚLTIMA GIRA

Andrea Tirado

A mis compañeros de emociones y de escenarios

Domingo 28 de agosto de 2016, El Paso, Texas: alrededor de las tres de la tarde regresamos al hotel para comenzar a alistarnos, pero una noticia cambiaría nuestros planes: se cancelaba el concierto. Desconcertados, esperamos obedientes a que nos dieran más información; sin embargo, el poder de las redes sociales impide guardar cualquier secreto. Así, poco a poco, entre rumor y rumor, se anunciaba que había fallecido. No lo podíamos creer, no lo queríamos creer. Finalmente, llegó la confirmación oficial: ya no habría más conciertos. «El señor», como le llamaba su equipo de trabajo tras bambalinas y en el escenario, había fallecido. A partir de entonces se mencionaría insistentemente su nombre oficial: Alberto Aguilera Valadez, pero para todo mundo era un hecho que Juan Gabriel —*Juanga*— nos había dejado.

Nadie sabía cómo reaccionar, nadie sabía qué decir, simplemente estábamos ahí, físicamente presentes pero mentalmente evadidos, en una suerte de presencia-ausencia. ¿Qué seguía? En ese momento, la mayoría de nosotros rememoró el concierto que había ofrecido dos días antes en Los Ángeles, el cual se había convertido ya en nuestro último *show*. Un compañero mencionó: «No puedo creer que ya no bailaré "El Noa Noa"»; en ese momento fue cuando comenzó a «caerme el veinte». Me di cuenta de que, como bien decía Juan Gabriel, el tiempo no perdona: por más que se planifique el futuro, la realidad es ineludible.

Incontables son las personas que han escrito (y escribirán ahora) sobre Alberto Aguilera Valadez. Estas líneas pretenden compartir otra faceta suya, la de nosotros, su equipo, el que se refería a él como «El señor Juan Gabriel», o bien «El señor»; no como un distanciamiento entre él y nosotros, sino como muestra del inmenso respeto que nos inspiraba. Respeto fundado en el profesionalismo que construyó en torno a su persona y obra, el cual se manifestaba en sus conciertos.

Dentro de su equipo, cada quien convivió de distinta manera con él: desde los que llevaban más de veinte años trabajando a su lado hasta los que tenían escasos meses pero identificados con su música, su trabajo y con su comprometida participación en cada *show*. A pesar de los distintos niveles de convivencia, las opiniones son unánimes en cuanto a los rasgos distintivos del cantautor. Alberto Aguilera era, ante todo, un gran ser humano, un verdadero filántropo que daba sin esperar nada a cambio. Múltiples testimonios destacan al gran padre, amigo y jefe que fue; otros mencionan su aspecto enigmático. *El Divo de Juárez* no se expresaba explícitamente, según algunos: hablaba poética o metafóricamente. Así, Alberto Aguilera, a la manera del *I Ching*, era como un libro que se tenía que interpretar, que no dejaba imperturbable a su lector/interlocutor, pues este seguiría reflexionando sobre el sentido de las palabras pronunciadas.

Este testimonio nace de la inefable magia que creaba Juan Gabriel en su escenario, así como del gran agradecimiento que siento por haber formado parte de su equipo. Mi experiencia comenzó hace poco más de un año; durante ese tiempo fui testigo de la entrega total de Juan Gabriel ante su público. No siendo neófita en este ambiente, puedo asegurar que nunca había presenciado una entrega tan sincera y tan devota de un artista a su público. Si algo caracterizaba a Juan Gabriel era su amor por sus *fans*. Dicho amor se traducía en conciertos únicos de más de tres horas de duración, en una hora o más de complacencias y/o en obsequiar sesenta minutos adicionales de deleite musical luego del popular «¡otra!, ¡otra!».

Después de su primer concierto en Bellas Artes en 1990, Enrique Patrón resalta dichas peculiaridades: «Le gusta improvisar y, depende cómo esté el público, le va agregando cosas [...]». Eso siguió sucediendo, nada era previsible, nada estaba preestablecido, al contrario, estaba siempre atento a lo que el público pedía de él. Esto tuvo como resultado que para nosotros nunca hubiera dos conciertos iguales, cada uno fue único y particular, porque cada uno tuvo su parte de creatividad improvisada. Eso mismo sucedió en la ciudad de Los Ángeles, en ese concierto que, sin darnos cuenta, se convertiría en nuestra última convivencia con «El señor». Los Ángeles era la penúltima ciudad de lo que constituiría la primera parte de la gira, compuesta por San Diego, Sacramento, Los Ángeles y El Paso.

Pisar un escenario es siempre una experiencia enorgu-llecedora, y más aún cuando se trata de un escenario extranjero. Sabíamos que, en cierta forma, llevábamos una parte de México, representábamos a nuestro país al ser Juan Gabriel uno de los máximos representantes de la cultura popular mexicana de por lo menos dos genera-ciones. Por lo tanto, esos primeros conciertos significa-ban poner en alto el nombre de México gracias al equipo reunido por Juan Gabriel. Así, nuestro equipo-familia, integrado por *staff*, producción, músicos, coristas, maria-chi, bailarines... comenzaba la gira.

El primer concierto en San Diego me produjo escalofríos. El *show* comenzaba con la canción «México es todo», la cual es un homenaje a la diversidad característica de nuestro país: *«El mundo sabe que este México / es único, que es mágico y fantástico / y también sabe que este México / es músico, que es rítmico y romántico [...] que es unigénito, exótico, turístico y muy plácido»*. Así cantan los coristas al mismo tiempo que los bailarines preparan el escenario para la entrada de Juan Gabriel. Además de promover la diversidad de México, la canción inicia con la repetición de la frase *«tú eres yo»*, frase que exhorta a reconocerse en el Otro, a suprimir las diferencias que surgen, cada vez más, entre los individuos; a alentar una fraternidad entre los seres humanos.

Los escalofríos fueron producidos por una ovación del público. Inmediatamente pensé que Juan Gabriel (quien siempre aparecía hacia el final de la canción) había decidido adelantar su entrada; sin embargo, no encontré señales de que así fuera. Ese acto provocó en mí una alegría inverosímil: ¡aquel público nos aclamaba a nosotros! En ese preciso momento se formó una comunidad/identidad mexicana, y me atrevería incluso a decir: identidad hispanoamericana. Ese fue el ambiente imperante en los tres últimos conciertos que dio antes de que su corazón dejara de latir. De ese sentimiento saqué por conclusión que Juan Gabriel, en tanto que icono cultural, construye una identidad, nacional, hispanoamericana, la cual muchas veces tiene mayor eco en el extranjero. El espectador puede, por lo tanto, identificarse en ese Otro, o bien reconocer, como ya lo anticipa la canción, que «*tú eres yo*».

En el concierto de Los Ángeles, esa última noche, el Mariachi de mi Tierra vistió un elegante traje azul rey; los músicos, de blanco; las coristas estrenaron vestidos azules; la banda argentina Jerok un traje gris, y los bailarines tuvieron distintos cambios de vestuario. Todos nos reunimos para despedir —sin saberlo— al *Divo*. Juan Gabriel, engalanado con pantalón negro y camisa azul, se preparó para entregarse nuevamente al público que lo aclamaba.

Durante las dos horas y media que duró el concierto, *El Divo* hizo nuevamente prueba de la humildad y humanidad que lo distinguían. Cedió su puesto en más de una ocasión para que los coristas cantaran solos, algunos músicos se destacaran, el Pachuco luciera su coreografía, el dúo de Zona Prieta cantara, el mariachi hiciera vibrar el foro y los bailarines ejecutaran acrobacias y coreografías. Juan Gabriel cantó, brindó, bailó y nos contagió a todos de esa energía única que lo particularizaba al hacerlo todo «con el corazón», ningún acto a medias. Esa noche, *El Divo* había tocado la fibra del sentimentalismo más profundo de todos nosotros, equipo y público por igual.

Finalmente, el concierto llegó a su fin con el habitual desfile de agradecimiento. Juan Gabriel, fijo en un punto del escenario, se dispone a vernos por última vez. Todos los que conformamos su equipo recorrimos el escenario hasta llegar a su altura, y antes de tomar la pasarela que nos llevaría a la salida, *El Divo*, siempre atento a todo su equipo, nos dedica, a cada quien, una mirada. En ese momento parecía que ya no era el Juan Gabriel de los escenarios, ni Alberto Aguilera quien nos miraba, sino «El señor», encabezando a su equipo de trabajo, consciente de que todos estábamos ahí por él y para él. Esa noche su mirada fue distinta, fue más pronunciada que de costumbre, quizá como si él mismo, sintiéndose tan pleno y satisfecho, hubiera anticipado su desvanecimiento. Esa fue la última vez que lo vi. Juan Gabriel, feliz y agradecido, se despediría emotivamente de su público y de su escenario por última vez ese 26 de agosto.

Alberto Aguilera Valadez/Juan Gabriel es parte de la idiosincrasia de México, de lo mexicano. Su tremenda capacidad de hacer converger los sentimientos y emociones de los mexicanos en las letras y música de sus canciones hizo que pasara por encima de estratificaciones económicas, educativas, culturales o sociales. Eso es lo que caracteriza la obra, el legado de Juan Gabriel: la unanimidad que concita el conocimiento nacional de sus canciones, su presencia y su personalidad, incluso más allá de nuestras fronteras. Parafraseando a José Alfredo Jiménez: ¿quién no conoce alguna canción de Juan Gabriel, quién no exige su canción?

El talento y la capacidad de comunicar de Juan Gabriel aportaron al habla popular frases que condensan sabiduría, así como un claro reflejo de la idiosincrasia mexicana: «*Se me olvidó otra vez*», pero sobre todo tocó la fibra más sensible del mexicano y del latino en general con «Amor eterno». Reunió todos los elementos para convertirse en un referente de la identidad nacional mexicana, con la cual muchas otras nacionalidades hispanoamericanas también se identifican.

La letra del conocido «Noa Noa», con la cual finalizó el concierto de Los Ángeles, cobra ahora mayor sentido: «*No te tomes tú la vida tan en serio / de una forma u otra de ella vivos nunca vamos a salir / vive, baila, canta y goza / que la vida es muy hermosa y en el mundo hay tantas cosas que te ponen muy feliz*». Juan Gabriel vivió, bailó, cantó y gozó, y con su música nos pide no sentirnos solos ni tristes, porque «hemos venido al mundo a ser felices». Así, su partida es sólo el comienzo de su inmortalidad.

ANDREA TIRADO

Estudió Historia del Arte en la Universidad Iberoamericana. Maestría de la Universidad de París 8 en Danza, Teoría e Investigación. En París cursó el seminario impartido por Georges Didi-Huberman, «Antropología de lo visual». Auxiliar y tutora en la maestría en Investigación de la Danza del Cenidi Danza José Limón. Practica la danza profesional desde 2008. Colabora en el suplemento cultural *La Jornada Semanal*.

Cuando quieras tú divertirte más
y bailar sin fin, yo sé de un lugar
que te llevaré
(vamos al Noa)
y disfrutarás
(vamos al Noa)
de una noche que nunca olvidarás.
¿Quieres bailar esta noche?

«El Noa Noa»

LOS MIL ROSTROS DEL *POP*

José Homero

Para un país prisionero de sus prejuicios, la muerte de Juan
Gabriel implicó salir del clóset. Y no me refiero a la entro-
nización del artista como emblema de las contradicciones
culturales y paradojas de nuestra sexualidad, gustos y clases sociales, sino a cómo con su muerte hemos aceptado,
con absoluta rendición, la autoridad de Alberto Aguilera
Valadez, su nombre natal. La tarde de ese domingo aciago,
28 de agosto, convertido ya en efeméride instantánea, las
redes ardían. O mejor dicho: la nación —no sólo la República, también el territorio simbólico allende las fronteras— zozobraba en un inusitado llanto colectivo que unía
a figuras de la alta cultura con políticos; a los intérpretes
de viejo y nuevo cuño del ídolo con figuras mediáticas y del
espectáculo. Para no mencionar a los dolientes más sinceros: el pueblo llano. El velorio global, en vez de coronas y
ofrendas florales, precisa de tuits y estados de Facebook;
las esquinas de internet son los puntos donde hoy se cumplen las conmemoraciones. Mi tristeza por la muerte de un
compositor cuyas primeras composiciones degusté siendo

niño —«No tengo dinero», «Esta rosa roja», «En esta primavera» y otras que cantaban otros, ignorante de que también las compuso él— no era particular sino apenas una secuencia de una composición coral de treno. Este reconocimiento unánime fue el corolario para, de una vez y para siempre, instaurar a Juan Gabriel, más allá de sus facetas de cantante o compositor, como el último ídolo de México.

Si en una entrevista con Ana Ávila Gabriel relataba que una joven de clase alta lo interpeló en Acapulco solicitándole un autógrafo, para acotar, mientras él firmaba, que era para la sirvienta, con su muerte esos deslindes, esas marcas de gusto que son en realidad manifestaciones de clase —Bourdieu, elemental, *dixit*— se borraron con la marejada del duelo para reunir en un acto de catarsis a todas las clases sociales, anulando las primacías de la alta y la baja cultura —¿todavía existen esas escaleras?—, las edades, los géneros, las preferencias.

Todo cabe en la devoción a Juan Gabriel sabiéndolo interpretar. A falta de un triunfo del infame *Tri* en el futbol, México ha celebrado con la muerte una comunión en el llanto, y no preciso agregar «con la fiesta». El icono gay devino santo del devocionario laico; el compositor denostado por su origen y preferencias de pronto se reveló como el auténtico intérprete, el profeta de las vicisitudes del alma nacional.

Nada explica mejor la idiosincrasia y los vaivenes de nuestra educación sentimental que la apropiación del cancionero de este músico singular. Se comprende mejor el imaginario colectivo revisando su lírica que escrutando las páginas de *El laberinto de la soledad* o cualquier otro estudio sobre el ser del mexicano. Del *Negrito Poeta* a

Manuel Acuña, de José Alfredo Jiménez a Juan Gabriel, la poesía que reconoce el pueblo se distingue por la recitación memoriosa de sus versos. ¿Qué mejor cita que estos versos de Manuel Machado para corroborar que con la muerte del hombre ha nacido una obra?

> Hasta que el pueblo las canta,
> las coplas, coplas no son,
> y cuando las canta el pueblo,
> ya nadie sabe el autor.
>
> Procura tú que tus coplas
> vayan al pueblo a parar,
> aunque dejen de ser tuyas
> para ser de los demás.
>
> Que, al fundir el corazón
> en el alma popular,
> lo que se pierde de nombre
> se gana de eternidad.

II

Todo cabe en la devoción a Juan Gabriel sabiéndolo interpretar. Si su muerte elevó su efigie a los altares de la patria asumiéndolo pedagogo sentimental de al menos cinco generaciones de mexicanos, es hora también de reconocer la valía del músico. Porque entre las explicaciones —como si se solicitaran o debieran presentarse— no pocos artistas e intelectuales argüían recovecos sociológicos o antropológicos para su admiración; desde el cliché del hombre de maneras afeminadas encarnando la tradición bravía de la música de mariachi hasta la celebración no menos tópica del artista de los excesos en el gusto, resucitando el *name dropping* que sí se atreve a decir mil nombres, recitando terminajos ya algo rancios: *kitsch, camp*, hibridez, teoría *queer...* En la mayoría de los artículos y homenajes campea una especie de salvoconducto con el gusto propio, como si admitir que uno escucha a Gabriel por sus canciones y no por su connotación nos demeritara. Imposible ciertamente aislar al músico del personaje, a la obra del icono. En un ídolo, la producción propiamente artística y la dimensión simbólica se impulsan mutuamente hasta convertirse en una suerte de reliquia, primero de una generación, poco después de una nación y al final de una época, pero ello no implica soslayar la obra y pergeñar chorigresiones para aceptar que sí, que uno gusta de Juan Gabriel y no sólo a la hora de la madrugada en que el refinamiento se deshace más pronto que el nudo de la corbata o el esmerado maquillaje.

Si la nación salió del clóset aceptando sin importar clase social o formación educativa que escuchamos a Juan Gabriel, somos sus devotos y se ha convertido en nuestro redentor —como lo sugiere la canción «El principio», las «Tablas de la Ley» del filósofo de Juárez, y propone esa gran relectura del camino de la Pasión mexicana que es «La noche mexicana», el óleo neosimbolista de Daniel Lezama—, es el momento idóneo para reconocer, apreciar la obra; una obra compuesta acaso con limitaciones —sí, es todo eso que podamos reprocharle: falto de voz, líricamente limitado, formalmente predecible, rabiosamente aficionado en la composición, constreñido al pudor y al lugar común de la moral familiar— pero pródiga en momentos felices y sobre todo en repercusión. Como bien sabe la historia de la música popular, del *blues* al *rock*, del vals al *punk*, de la cumbia al *britpop*, importa más la huella social suscitada por la música que su formato, virtuosismo o depuración.

Nada mejor que aprovechar el duelo para coronar a Gabriel como músico excepcional. El recelo cultista nos ha impedido escuchar la riqueza de su acervo, cumbre y monumento de una tradición y de una manera de entender el mundo moderno desde los márgenes. Propongo, para el estudio de su legado, reconocer tres estadios en el cuerpo de su producción; aclaro que por supuesto son ínsulas, conjuntos aislados, si no ciclos temporales, cuyos rasgos de estilo poseen momentos de imbricación.

La primera época corresponde al *pop* e incluye desde las primeras composiciones, que inciden en la llamada *Nueva Ola* —ese puchero de *rock* lento, balada, canción francesa y canción napolitana que asolaba las radios mexicanas de comienzos de los setenta—, hasta sus incursiones mayestáticas en el sinfonismo ligero o por los caminos de terracería de la *americana* y el *rock*. La segunda, que se entrevera con la primera, es la faceta del compositor de rancheras; con ella dio inicio su popularidad más allá de México. La tercera época, la más reconocible y en la que descuella su genio, es la que llamaré criolla por su combinación y reelaboración de elementos musicales occidentales y propios de la música regional mexicana. Nuestro gran neobarroco es Juan Gabriel. La música de mariachi se hibrida con el *pop* sinfónico, los ritmos bailables, polka o disco, con los sones de la tierra, el *soul* con el *funk*, todo con una cadencia que remite a los arrebatos eslavos. En esta época Gabriel propone incluso su propia «cuaternidad» al estilo de Heidegger: «*La música viene del cielo / la canción viene del hombre / la alegría nace del pueblo / y mariachi tiene por nombre*» («El principio»).[*] En ese mandato debemos reconocer no sólo un acriollamiento sino un verdadero acto de antropofagia. Me enfocaré en el primer periodo.

ICONO

Gabriel dejó huella en la música *pop* desde sus inicios. En discos como los intitulados *El alma joven* —tres colecciones aparecidas en 1971, 1972 y 1973; cabe precisar que el segundo hoy se denomina lacónicamente *Juan Gabriel*—, en *Siempre en mi mente* y *En esta primavera* (me refiero a los discos homónimos de las canciones), destacan desde acentos de la canción italiana en «Tres claveles y un rosal» —que anticipa ya la necrofilia como tema dilecto de esta poética— hasta fraseos con reminiscencias de Freddie Mercury, incluso en la interpretación al piano en «Nada ni nadie».

---

[*] *Cuaternidad* es la traducción que se ofrece a *geviert*, concepto de Martin Heidegger que se refiere a la unidad del mundo entre los divinos y los mortales, la tierra y el cielo. En rigor, Heidegger implica cómo habitamos, cómo construimos el mundo. Adviértase que en la canción citada Dios se revela a Gabriel —tanta resonancia cristiana marea—, quien acepta un mensaje cuyo sentido es la unión de la humanidad por la música. En la obra de Gabriel, la música es la gran unidad en correspondencia con el amor.

Asombra la temprana diversidad musical y estilística y una complejidad en los arreglos extraña a sus contemporáneos. *El alma joven III* (1973) asienta su primer hito. «Esta rosa roja», «En esta primavera», «Tres claveles y un rosal» o «Nada ni nadie» convierten al álbum en referencial. Para regocijo de los intérpretes de imaginarios, *camp* y *kitsch* se refocilan en canciones donde las florituras instrumentales se corresponden con las floraciones líricas, metonimias para la entrega erótica. Varias de esas piezas, con su cancionismo entre los tonos dominantes propios del ritmo festivo y los tonos menores melancólicos de las piezas tristes, entrañan los mejores momentos del *pop* mexicano. Las colaboraciones con el famoso director de orquesta francés Paul Mauriat y el pianista Jean Paul la convirtieron en una obra única, y acaso en una especie de pintura de un amaneramiento que precede a Jean Paul Gaultier y a Pierre y Gilles. ¿Cómo no admirar la ingenuidad perversa de «En esta primavera» y sus aires gitanos, sus devaneos con las czardas, mientras Gabriel promete: *«flores y amor, tú y yo / flores y amor, tú y yo / flores y amooor»*?

Siempre en mi mente (1978) inaugura el segundo recorrido del periodo *pop*, continúa en *Espectacular* (1978) y *Me gusta bailar contigo* (1980), prosigue con sus obras maestras *Recuerdos* (1980) y *Recuerdos II* (1984), y concluye en *Pensamientos* (1986). La polifonía se aprecia en la variedad estilística: *doo wop*, melodías amorosas de los años cincuenta, pero también apropiaciones del *jazz*, fraseos del *blues*, climas de *americana*, redovas, polkas, guiños al *hillbilly* y a los compases del *rock 'n' roll* —como el gran homenaje al Noa Noa—; todo ello enmarcado en una atmósfera de *soul* —o mejor aún, de *northern soul*, ese trasplante británico del gran género estadounidense— y un frenético *rhythm and blues*. Aquí surgen muchas de las canciones que habrían devenir emblemáticas de Gabriel: «Siempre en mi mente» —que entraña el germen del *shoegazing* y cierto carácter recitativo estilo *pop* de cámara, nuez que supo encontrar Seekers Who Are Lovers—; «Mis ojos tristes»; «Buenos días, señor sol», una canción que evoca los acordes festivos de The Beatles en «*Can't buy me love*», primera manifestación de ese culto solar que nunca abandonó nuestro dionisiaco chamán, como lo prueba la con/versión de «*Have you ever seen the rain*» de Fogerty en «Gracias al sol». Gabriel es un poeta elemental, no sólo por su diccionario sino sobre todo por su adoración de la naturaleza; entre el sol y la flor brotan sus himnos.

Por las limitaciones propias del periodismo me concentraré en los álbumes intitulados *Recuerdos*. No puedo omitir sin embargo a *Espectacular*: fruto insólito de la tradición *pop* más reconocible u occidentalizada, apropiación *camp* del sinfonismo ligero combinando las melodías festivas con revestimientos orquestales retro; antropofagia musical en su apogeo, injustamente relegada a la trivia.

Obra única en Hispanoamérica, *Recuerdos* debió haber sido un solo disco; secreto álbum conceptual donde Gabriel abandona su cancionero de las estaciones del amor para remontar los cauces del río de la memoria y mediante el reflejo en sus aguas encontrar el rostro verdadero; breviario sentimental, autorretrato de una singularidad, manifiesto que convierte «el amor que no se atreve a decir su nombre» a «yo no nací para amar», el primer disco es el más logrado, con su relato de iniciación que incluye la confesión melancólica, «Yo no nací para amar». Late aquí un fraseo semejante a los que afamaron a David Bowie y se convertirían en sello del *pop* de cámara. Riqueza de un disco que en rigor es nuestro producto más presentable de *americana*, ese sello que engloba sin matizar los varios géneros y subgéneros del *rock* estadounidense. Ahí están la declaración de principios que es la polka *hillbilly* «La frontera»; el homenaje al *rock* cantinero, «El Noa Noa», casi una pieza de *honky tonk*; «Nunca lo sabré, nunca lo sabrás», cuyos compases evocan las melodías de los años cincuenta; el fraseo de la guitarra acentuando el aire campirano en «He venido a pedirte perdón»; el *blues* lento de «Lástima es mi mujer», en la que la armónica dialoga con la guitarra; la influencia del *soul* en «Nada tú harás en la vida» y «Yo quiero ser igual que tú»...

Gabriel tuvo astucia literaria, compone sus discos como un auténtico cancionero en el sentido que Cesare Pavese confería al término. «La frontera», polka emblemática de un norte que no es sur y de un sur que perdió el norte, da inicio al primer disco y a una especie de clave para comprender la liminalidad de la obra, del propio artista: «*A mí me gusta más estar en la frontera*», cuya correspondencia es una confesión ideológica: «*La gente no se mete / en lo que no le importa*». Gabriel urdió esas obras con aguja cinematográfica, por eso en el segundo *Recuerdos* (1984) la primera pieza es «Juárez es el no. 1». La semejanza en la composición unitaria resuena en los ritmos; en este caso, una pieza *rockabilly*. Si en el primer disco la unidad estilística correspondía al género *americana*, en el segundo se decanta hacia la canción y hacia el *pop* de los grandes compositores de los sesenta, como Burt Bacharach, sin eludir la creciente atracción por el *soul*. «Meche», una de las canciones más bellas y sutiles de esta obra, evoca en sus falsetes a ese *pop* de cámara con apliques barrocos de The Walker Brothers. Dentro de esa tradición puede incluirse a «Eternamente agradecido» y «¡Qué no diera yo!», con sus climas de *rock* suave de las postrimerías de los años cincuenta. Aquí también se percibe ese interés por apropiarse, a través de la asimilación, de los ritmos de las orquestas de los cincuenta y sesenta, lo que lo llevó a colaborar con Paul Mauriat, a grabar *Espectacular* con la Sinfónica de Londres y a su gran trabajo con Chuck Anderson, verdadero George Martin de estos volúmenes. Esa devoción podría incluso corroborarse con su último disco, *Vestido de etiqueta* (2016), recorrido por las estaciones de su producción con una relectura sinfónica.

En nuestro afán por mexicanizar a Gabriel hemos sido sordos al gran aprendizaje del músico de Juárez de los ritmos de los últimos cincuenta y los primeros sesenta. Acaso la explicación de por qué Gabriel se decantó por el *rock* y tierras aledañas deba buscarse en que el álbum es una obra de raíces, no sólo biográficas sino también musicales; con esos ritmos se formó el adolescente. «Dulces momentos de ayer», tras su neblina nostálgica, rinde homenaje a sus inicios y también a sus influencias:

Dulces momentos de ayer, 1966,
días que no volverán,
noches que nunca olvidaré.

Aquel tiempo era el Noa Noa sensación,
Los Prisioneros del Ritmo, los reyes del rock,
tocaban sin parar,
cantaban sin cesar...

Imposible no detenerse en «Querida», la obra maestra de Gabriel (con «Amor eterno», aunque la rocola de Gabriel podría albergar cien éxitos, todos reconocibles). Los acordes de piano a ritmo lento y un arreglo sutil de cuerdas y metales contrastan con el reclamo y urgencia de una voz al borde del desgarre, como en homenaje tácito a «*Oh, darling*» de The Beatles. El solo de guitarra a su vez es puro *rock* sureño. En sus conciertos, Gabriel paulatinamente fue cambiando el revestimiento, desde el guiño a su inscripción dentro del *rock* (el *riff* con guitarra distorsionada en la presentación fundacional en Bellas Artes) hasta los arreglos sinfónicos de las más recientes interpretaciones en vivo.

Los siguientes periodos darían a Gabriel fama más allá de las fronteras, convirtiéndolo en el creador de un nuevo género: el mariachi *pop* y en un cultor de los sones mexicanos. En esta faceta Gabriel es inigualable. Sin embargo, he preferido abordar un periodo por lo común poco atendido y en el cual Gabriel deja también un legado que sólo los puristas del *rock*, ese género mestizo, son incapaces de reconocer. Acoto empero que en un acto de estricta justicia poética serían los propios músicos de *rock* de la siguiente generación, no los contemporáneos de Gabriel ni los críticos, quienes contribuirían a la reevaluación y rescate de este cancionero: de La Maldita Vecindad a Los Planetas, de Jaguares a Seekers Who Are Lovers, de Maná a Andrés

Calamaro, la impronta de Gabriel en el *pop* del orbe castellano paulatinamente comenzó a reconocerse.

Sirvan estos apuntes para dar inicio al estudio de las virtudes del músico Juan Gabriel y para de una vez salir del clóset de nuestros prejuicios culturales con respecto a una obra que exige su revalorización.

JOSÉ HOMERO

Es poeta, escritor y periodista cultural. Autor de un estudio sobre Efraín Huerta (*La construcción del amor*), de su obra poética destacan *Luz de viento* (Fondo de Cultura Económica, 2006) y *La ciudad de los muertos* (FCE, 2012). Actualmente escribe un recorrido sobre la narrativa de terror.

No me vuelvo a enamorar.
Totalmente, para qué,
si la primera vez que
entregué mi corazón
me equivoqué.
No me vuelvo a enamorar,
porque esta decepción
me ha dejado un mal sabor,
me ha quitado el valor
de volverme a enamorar.

«NO ME VUELVO A ENAMORAR»

DÍPTICO AMOROSO
Antonio Marquet

En este díptico amoroso me propongo iniciar una reflexión sobre dos de las variadas propuestas amorosas que plantea la lírica juangabrielina. Sin duda, abordar la erótica de *El Divo de Juárez* de manera profunda y global requiere un espacio mayor, elaborar un políptico que vaya desde la aventura hasta el amor eterno, pasando por el «Abrázame muy fuerte». Por ahora abordaré sólo dos aristas, el amor aventurero y la reclamación amorosa, facetas en las que campea un yo muy seguro frente a objetos amorosos debilitados.

BOGANDO EN LOS OCÉANOS DE LA AVENTURA

A continuación reproduzco la letra de «Amores aventureros»:

> Amores que van y vienen,
> amores de vez en cuando,
> me gustan porque no tengo

ningún compromiso, ya no,
contento porque al ratito
con otro andaré paseando.

Yo no me enamoro nunca
de amores aventureros;
el día que tres se me juntan,
me voy con quien veo primero,
yo les digo que me gustan
pero nunca que los quiero.

Si me quieren, yo me dejo que me quieran;
sobre todo si me saben tratar bien,
pero nunca les permito que me hieran;
si me adoran, yo les beso hasta los pies.

Amores que van y vienen,
amores de vez en cuando,
¡caray!, cómo me entretienen
cuando ando al amor jugando;
los veo cuando me conviene,
los pierdo y salgo ganando.

Me han dado muchos consejos,
pero no acepto ninguno;
yo agarro siempre parejo
si amores nomás hay uno,
mi madre, a quien nunca dejo,
es de lo que más presumo.

Si me quieren, yo me dejo que me quieran,
sobre todo si me saben tratar bien,
pero nunca les permito que me hieran;
si me adoran, yo les beso hasta los pies.

En «Amor aventurero» se hace el elogio de la vida en el ligue; la apología de la ausencia de compromiso. Encontramos al libertino que afirma sin rodeos «*Yo no me enamoro nunca*» y señala que llega el momento en que se le juntan, pero, sin chistar, se va con el primero que se presenta: sin discriminación, atiende al primero que llegue (y por supuesto, el primero al que botará). Se trata de un espacio de consumo carnal en que el sujeto desecha; es desechable. No ha terminado con el primero, y ya está pensando en el que sigue: «*contento porque al ratito / con otro andaré paseando*». En este contexto, considera el amor como un juego que le entretiene. Y cuando deja de verlos, dice ufanamente: «*Salgo ganando*». Si están allí, bien; si dejan de estar, ¡mejor aún! Todo está perfecto para el inflamado yo (¿para el sujeto inaccesible?).

El sujeto lírico aparece como un donjuán despreocupado que se sumerge en el azar, con una gran coraza: totalmente innecesaria, porque no hay afecto y, por ende, no hay riesgo de dolor, de pérdida, de un flechazo, si lo pusiéramos en el bobalicón contexto de Cupido. El sujeto sale del ligue sin un rasguño; también sin historia: en todo caso, se trata de números. No hay historias dialógicas porque no hay personajes que importen, que valgan, que palpiten. Hay que tener la sangre fría para descartarlos. Lo que cuenta es ese yo que juega de manera frívola, mecánica, bulímica. Lo que hay es una narrativa monologuista de un yo: una narrativa yo-yo de un sujeto sordo: «*Me han dado muchos consejos / pero no acepto ninguno*». Si el otro (como compañero sexual) no cuenta, menos cuenta su voz, su punto de vista, su «*consejo*» (como autoridad). Es necesario expresar el desprecio que se tiene por el otro; de otra forma no hay «*contento*», único destino al que puede llegar quien así se muestra.

La música envuelve al yo, es la vitrina que exhibe al libertino que se entrega a la caza, al goce, al juego como si se tratara de un niño que no hace nada sino jugar. Esta dimensión infantil del sujeto se ve acentuada por esa liga que tiene con su madre: «*Si amores nomás hay uno, / mi madre, a quien nunca dejo, / es de lo que más presumo*». El amor se presume, no se experimenta. Es un semblante creado para mostrar satisfacción.

La canción se erige como un altar donde se quema mirra a ese dios triunfador de correrías sin número, sin registro, sin relieve. El yo se alimenta de goce. El apetito, inmenso, insaciable, crea un yo robusto que se entroniza divirtiéndose. Imposible acallar a ese yo exhibicionista, ufano, arrogante, finalmente depredador. El otro aparece para testimoniar el número de ligues del aventurero. El otro es objeto de desprecio, de borramiento ante ese yo que se ha apropiado del goce, la palabra, la música, el escenario; los gritos en falsete del mariachi traducen una arrogancia que ya no tiene palabras. El yo es el señor absoluto del escenario: que no aparezca nadie junto a él.

«*Si me quieren, yo me dejo que me quieran*», afirma el sujeto. Sin timón alguno, sin bitácora alguna, el sujeto navega en las aguas del placer. Sin embargo, afirma el sujeto lírico: «*Si me adoran, yo les beso hasta los pies».* La adoración, como si se tratara de un dios, es lo único que puede despertar una reacción del sujeto fuertemente narcotizado en el amor de sí. Sólo en el registro de ser reconocido, de la devoción absoluta, puede responder, consciente de que en la entrega (¿besar los pies puede considerarse como entrega, como un acto fetichista o sumisión absoluta?) sería imposible agresión alguna. El amor aventurero plantea una ausencia de simetría. ¿Cómo podrían amarse dos narcisos? El espejo es uno; no hay luna suficientemente grande para dos. El amor aventurero establece la ausencia de relación como política; plantea al sujeto desechable como erótica. Lo importante es la caza: ¡así sea!

La aventura estableció sus reinos en sitios de ligue (la Alameda, la Esquina Mágica...), bares, luego prosiguió en cuartos oscuros. Importantes novelas gays como *La estatua de sal* de Salvador Novo, *El vampiro de la colonia Roma* de Luis Zapata, *Agapi mu* de Luis González de Alba, entre otras, han desplegado las posibilidades de este estilo de vida.

Juan Gabriel lo cantó, le puso música de mariachi.

¿Cómo salir de la posición del entretenimiento? ¿Qué significa «agarrar parejo», como se señala en la letra de la canción? ¿Es una convocatoria que se puede seguir, escuchar, adoptar, recomendar?

¿Qué consecuencias hay para el sujeto, para su actuación al interior de la comunidad gay? ¿Hay consecuencias empleando a fondo esta ética? Al amar aventureramente, ¿qué horizontes se abren? Habría que escuchar a Juan Gabriel y plantearse preguntas, cuestionarse. ¿O es preciso entregarse de manera embriagadora a sus canciones, repetirlas a coro, escucharlas con una copa en la mano y pensando en el siguiente?

Juanga planteó este amor aventurero cuando en el horizonte jurídico aún no existía la Ley Razú, cuando la reforma al código de matrimonio aún no se había aprobado. Ahora que se ha planteado esta reforma, ¿es preciso seguir cultivando el amor aventurero?

JUAN GABRIEL Y LA RECLAMACIÓN

Todo el mundo ha escuchado el éxito ranchero «No vale la pena», de 1983, incluido en el disco *Todo*:

> No vale la pena
> lo que tú me quieres
> porque es muy poquito,
> eso no me llena,
> no me es suficiente,
> quiero otro tantito.

> No vale la pena
> tus distantes citas,
> casi no te veo;
> la intención es buena,
> nadie te lo quita,
> pero más yo quiero.

> No vale la pena, corazón,
> es amor de un rato;

si siempre yo te veo, corazón,
muy de vez en cuando.

No vale la pena,
date cuenta de eso,
que lo que tú me has dado
es una miseria,
son muy pocos besos
para un enamorado.

No vale la pena, corazón,
es amor de un rato;
si siempre yo te veo, corazón,
muy de vez en cuando.

No vale la pena,
date cuenta de eso,
que lo que tú me has dado
es una miseria,
son muy pocos besos
para un enamorado.
¡No vale la pena!

La honda insatisfacción que expresa el sujeto lírico es uno de los rasgos fundamentales de la lírica juangabrielina. Esta insatisfacción crea un circuito de comunicación definido en el que intervienen un «yo», un «tú», un escenario y un auditorio que es convocado. Dado que cantar es una forma peculiar de decir, quien se expresa lo hace con un ritmo, acompañado de orquesta; aparece en un escenario en el que se ha planeado hasta el último detalle. Una de las canciones en que se expresa de manera más clara y radical es en «No vale la pena», uno de los éxitos para mariachi de *El Divo de Juárez.*

¿Qué sucede cuando la insatisfacción se coloca en la mesa? ¿Cómo se ventila semejante problema? En primer lugar, quien la evoca es el que canta. De tal forma, la insatisfacción coloca al sujeto lírico en el papel de reclamador (con los aspavientos característicos del resentido), mientras el destinatario, el «tú», al que llama «corazón» de manera irónica, aparece con la responsabilidad de ella. ¿Es el otro, el amado, quien debería aportar la satisfacción? En las premisas de la reclamación no queda duda de esto.

El yo ha conseguido, desde los primeros acordes, la complicidad del público que no asiste de manera neutra al escenario de esta disputa. Es preciso también hacer notar que la insatisfacción, sorpresivamente, se expresa de manera festiva: con sonoras trompetas de mariachi. La voz del reclamador es reduplicada. Sin mediar nada, el «yo» afirma desde el comienzo «*No vale la pena*». Entonces resuenan las trompetas para enfatizar una afirmación, enigmática al principio. Dado que el sujeto lírico no canta nada más que la insatisfacción, la elaboración exigió todo un proceso intelectual y emocional en el que se ha realizado un balance que se expresa de manera contundente. De hecho, no se canta sino el poco valor de lo que ofrece el objeto amado (se habla de «*pocos besos*», de «*distantes citas*», «*casi no te veo*», «*es amor de un rato*» y remata con la suma de todo esto: «*es una miseria*»).

En la arena, todo está definido: «tú» no es sino el sitio de la insuficiencia. «Yo» descalifica, exhibe su insatisfacción. El auditorio es convocado para asistir al matrimonio de un «yo» insatisfecho («*es muy poquito*», «*no me llena*», «*no me es suficiente*»), reclamador («*quiero otro tantito*»), con un «tú» amordazado, devaluado, que no tiene otro futuro sino ofrecer más o el desecho. Al auditorio le toca actuar como testigo (¿mudo?, ¿cómplice?, ¿morboso?) de una disputa asimétrica; en realidad, se trata de una lapidación hecha con toda la alevosía y ventaja posibles. El yo, que trae todas las cartas consigo, se afirma, se fortalece cantando la insuficiencia del otro: lo hace de manera tradicional, con un mariachi, con ritmo, con un escenario bien montado y bajo la luz de los reflectores. A pesar de que la pareja está en un callejón sin salida, a pesar de que seguramente se cantan los últimos momentos de la relación, la música es celebratoria; posee un gran vigor. Es sintomático que no haya tristeza que desgarre al yo que canta. Por el contrario, es un yo seguro de sí, que se expresa sin vacilación, sin pesar alguno.

La relación se ha reducido a reclamación, pura y dura. La disimetría de los miembros de la pareja no puede ser mayor. Un yo robusto se alza con toda la soberbia frente al debilitado «tú». La canción se convierte, más que en una cantinela aburrida y monótona, en una orgía festiva de reproche.

Si no hay más que insatisfacción, si todo ha terminado, ¿por qué el yo no parte simplemente? ¿Por qué tiene que exhibir el yo que lo que ofrece «tú» «*no vale la pena*»; que «tú» no vale la pena? Con ese fraseo humillante *Juanga* canta a la violencia, al resentimiento; publicita en voz muy alta la insuficiencia del tú sobre la cual se hace el festín. Es preciso acabar ya no con la relación sino con la pareja; es preciso machacarle, martillearle, taladrarle su poco valor: la afirmación «*no vale la pena*» se repite siete veces en la canción. Que nadie dude de que el otro es poca cosa: el canto parece derivarse de una voluntad de venganza fría, de una agresión vigorosa, vehemente. La canción se vuelve un paredón donde cada verso es una bala que atraviesa los centros neurálgicos del otro: cada estrofa comienza con el «*No vale la pena*», es un patíbulo al que «tú» asiste sin defensa: la primera y la última afirmación es «*¡No vale la pena!*». Sin duda, «No vale(s) la pena» es una decapitación.

Escucho esta canción y no puedo sino preguntarme: ¿cuál es el contexto de esta manera de amar? ¿Cuáles son las consecuencias de estar colocado frente al abismo, cantando? Escucho esto y me pregunto si es esta nuestra escuela sentimental en la comunidad LGBTTTI, y en general en la sociedad mexicana. ¿Adónde va el jirón de una relación en la que el otro no vale (o no valió) la pena? ¿Valdríamos más la pena por cantar al resentimiento? ¿Exhibir al otro con tal insistencia es la única manera de crecer emocionalmente? Al dar la vuelta a la página de esta insuficiencia amorosa, ¿qué futuro emocional se abre, tanto para el reclamador como para aquel a quien se le ha gritado su insuficiencia de tal forma?

Me pregunto si nuestra vida sentimental en tanto que gays, elegebeteros, mexicanos del tercer milenio, no está fuertemente marcada por el resentimiento, por la violencia, por una disimetría en la relación yo/tú. Con relaciones de un rato, de muy de vez en cuando, en el ocaso, ¿qué comunidad, qué sociedad se construye?

No se puede negar que esta canción es una de las que más cantamos. Cuando se entona en la casi septuagenaria cantina gay El Oasis, en el Centro Histórico de la Ciudad de México, por ejemplo, la gestualidad es interesante: ese poco valer se acompaña de señales que denuncian la pequeñez peniana. La mujer trans sonorense vestida de rojo que personifica a Lola Beltrán despliega amplia sonrisa; muestra particular satisfacción al develar este dato de la vida privada. Valer la pena/no valer la pena se refiere a la medida de un pedazo de carne. En la axiología supremachista introyectada que nos rige, no se oculta el desprecio hacia la pasividad, con la correlativa sobrevaloración del activo y sus proporciones genitales; es decir, se refrendan valores patriarcales. La dinámica del resentimiento tiene un subtexto fálico innegable en el que se proyecta la sombra de la figura del padre.

En todo caso, este dispositivo de reclamación da forma a muchas canciones de *Juanga*. Es preciso pensar el significado de este hecho desde la perspectiva subjetiva, de pareja, comunitaria y social donde se juega una subordinación al orden patriarcal particular: donde se podría encontrar como fórmula que, a mayor gozo descalificador, existe una mayor sumisión a un orden patriarcal.

ANTONIO MARQUET

Profesor en la Universidad Autónoma Metropolitana, Azcapotzalco. Autor de *¡Que se quede el infinito sin estrellas! La cultura gay a fin de milenio* (UAM, 2001), *El crepúsculo de Heterolandia. Mester de jotería* (UAM, 2006) y *El coloquio de las perras* (UAM, 2010). Blogs: *elegebeteando. wordpress.com | mesterdejoteria.blogspot.mx*.

Podría volver,
pero no vuelvo por
orgullo simplemente.
Si te juré nunca volver
debes creerme
que cumpliré y mi
promesa es no volver.
Aunque me digas que no
puedes olvidarme,
en este mundo nadie
es indispensable.
Tú puedes ser feliz sin
mí y yo sin ti.
Y aunque me digas que
yo soy toda tu vida,
y como en todo lo que hay
vida existe muerte,
y yo no quiero ser la muerte para ti.

«JURO QUE NUNCA VOLVERÉ»

MANUAL PARA ESCUCHARLO

Pável Granados

Murió Juan Gabriel. Pero, ¿Juan Gabriel, Alberto Aguilera?, ¿¿¿por qué Juan Gabriel??? Sí, ya se confirmó la noticia. Ya lo retuiteó López Dóriga. Nada que hacer. Ha pasado a ser parte de los Hechos Consumados. Señor locutor, póngame «Caray» mientras hallo resignación. ¡Pero cómo que Juan Gabriel! No es posible. ¿Con quién hay que ir a hablar?, ¿qué puerta hay que ir a tocar? Alguien tendrá que resolver nuestra angustia. En mi alma sólo hay una rocola tocando a *Juanga*. Y lo primero a lo que uno se aferra es a las grandes frases, porque flotan en medio del naufragio: «El mejor compositor desde José Alfredo Jiménez», «Una época ha llegado a su fin». Pero eso funciona por poco tiempo. Lo que sigue es la introspección y la inmersión en la autobiografía. ¿Olvidarás acaso las tardes en que volvías de la primaria, esperando ver el video de Juan Gabriel yendo a tocar la puerta de Rocío Dúrcal? Ella abría sólo para decir: *«Te pido por favor / de la manera más atenta que / me dejes en paz / de ti no quiero ya jamás saber / así es que déjame y vete ya».* ¿Desde entonces preferiste ya no tocar a la puerta de un corazón antes que sufrir un rechazo como Juan Gabriel en el Canal 2? Y luego vino «De mí enamórate», que cantaste tantas veces con Daniela Romo porque la escuchabas en todos lados, entre el mar de canciones en español: Jeanette, Lupita D'Alessio, Emmanuel... Luego viste en una casa, ¿a los trece años?, el libro *Juan Gabriel y yo*, la biografía no autorizada, con fotos del compositor y sus novios, ¿algo se movió en ti? Y luego, suena el teléfono, qué bueno, para salir de la memoria. Es que todo mundo quiere platicar, comprender. ¿Qué es lo que tenía Juan Gabriel que había conquistado a México, el país de los machos? Fui tomando mis notas mentales en torno a su muerte, las polémicas del momento, para que mi pensamiento no se diluyera como vulgar *trending topic*. A las pocas horas, el fenómeno ya estaba cercado por las innumerables opiniones y ya no se podía ni ver bien el cielo. Así que mejor vi mis notas.

Una canción es una canción es una canción. Lo que quiere decir que para comprenderla no se debe descomponer en partes. Las letras por sí mismas, si intentaran caminar, se derrumbarían. Serían risibles poemas, salvo por los versos sueltos que no alcanzan a llenarlas de vida como ocurre en un poema. Para que una letra conmueva, el interlocutor debe de saber la melodía. Sólo ella le da contundencia a un verso como: «*Háblame de ti, cuéntame de tu vida*». De ahí que el análisis métrico deba de tener en cuenta que es sólo un apoyo, una manera poco convincente de encontrar las excelencias de una canción. Quizá haya un endecasílabo, pero por alguna razón casi ninguno de los grandes poetas ha logrado hacer una canción memorable. No lo hizo Octavio Paz ni cuando lo musicalizó Manuel Esperón, ni hay canciones (memorables) con letras de Jaime Sabines o Rubén Bonifaz Nuño. (La excepción: Amado Nervo.) Son dos mundos distintos, con recursos expresivos diferentes. *«No discutamos»*, le dice la canción al poema, *«porque después de la primera discusión hay muchas más»*. Y además, lleva la de ganar la canción, pues fácilmente se convierte en obsesión. Tres minutos de Juan Gabriel revolotean en la memoria como una mosca, como la hipnosis de la mnemotecnia. Los críticos literarios se dicen: «Vamos a pasar un buen rato», y toman un verso de cualquier canción popular, lo colocan bajo el microscopio, su sintaxis no resiste el menor examen, qué tontería: *«No te vuelvas a cruzar en mi camino / me das pena y lástima de verte»*.

Los versos son la ropa chic *de la vida*. Quedan justitos. Como pantalones entallados. Parecen hechos a la medida. Curiosamente, eso se logra siendo lo más abstractos posible. A los grandes compositores mexicanos los caracterizó lo atractivo de su biografía, una vida única, con anécdotas más o menos misteriosas, la vida oscura antes de la celebridad sin la cual no hay celebridad. Y luego, la capacidad de convertir esa vida intransferible en una obra que logre hacerse la de los otros. Así fue Agustín Lara, quien le dio a los demás su experiencia del burdel, una experiencia que era ficticia porque los burdeles que se imaginaron sus admiradores no tenían nada que ver con los que vivió el compositor. Recreamos sus vidas a partir de sus composiciones, pero si analizamos bien esas escenas veremos que somos nosotros quienes las protagonizamos, nos incrustamos a como dé lugar en su vivencia, presenciamos su vida. Y al mismo tiempo, hacemos de su vida la gemela de la nuestra.

Y en cierto momento somos indistinguibles del compositor, su voz es la nuestra. ¿Cómo la podríamos diferenciar una vez que nuestra mente llegó a la síntesis? «*Te voy a olvidar, te voy a olvidar, / aunque me cueste la vida, y aunque me cueste llanto, / yo te juro que te tengo que olvidar*». Ya te lo he cantado a solas, ya lo grité en una cantina, ya te lo dediqué con la mente o en la radio (da igual, era para que lo oyera yo), ya te lo llevé en una serenata, ya lo canté en el balcón de mi derrota, es tan mía esta canción que voy a ver si hay regalías a mi nombre en la Sociedad de Autores.

El priismo relativo. El autor hizo campaña por el PRI en 2000, en el momento del gran derrumbe electoral. *Juanga* fue el falso profeta. Y todavía hace unos días se supo que mantenía su apoyo al presidente Peña. «*Pero qué necesidad, para qué tanto problema*», es una consigna políticamente correcta que le hubiera venido bien seguir. Pero el compromiso político es una parte mínima del arte por mucho que llegue a ocupar un lugar destacado en las obras. Sobre todo porque los panistas y los perredistas cantaban sus canciones sin ponerse a meditar demasiado en la filiación política del autor. Sé que el eslogan de 2000 («Ni *Temo*, ni *Chente*, / Francisco va a ser el presidente») causó su distanciamiento con Carlos Monsiváis. Tampoco el público cedió en aquella ocasión a los coqueteos de *Juanga*, quien en un concierto fue abucheado por cantar: «Ni el PRD ni el PAN, / el PRI es el que va a ganar». Sus capacidades argumentativas fueron superadas entonces, Juan Gabriel se ponía nervioso al explicar ese periodo, no encontraba bien las palabras, trastabillaba para admitir que el PRI no había cumplido con su promesa de ayudarlo con sus impuestos. Los partidos por igual lo admiraron unánimemente, hasta los miembros del conocido partido de la homofobia y la doble moral sabían de memoria sus canciones. López Obrador dijo a su muerte: «Fue el José Alfredo Jiménez de nuestro tiempo. Tenía pensamiento progresista, era liberal, nacionalista». Juan Gabriel, liberal. Me parece bien, pero del ala juarista, de Ciudad Juárez, contrario a la intervención de Estados Unidos; pero por otra parte, cercano a los mexicanos en el norte. El comunicado de Obama acerca de su fallecimiento («Para muchos mexicano-americanos, mexicanos y gente en todo el mundo, su música sonaba al hogar») fue más bien la certificación de que Juan Gabriel es también música estadounidense, canciones que tuvieron a Hispanoamérica como sitio natural. Su relación con el nacionalismo es (o será pronto) discusión superada, pues de por sí el machismo a lo Negrete era sobre todo un estereotipo antiguo, ya sólo tomado seriamente en otros países. Sin embargo, como componente del Alma Nacional, la réplica al machismo tiene cabida: el machismo es ante todo una cárcel para el hombre, que tiene que llevar a cabo una actuación viril, violenta, controladora. Juan Gabriel es la posibilidad de liberación, de escapar a ese traje impuesto sobre el hombre. De ahí la efectividad de su coqueteo, y de sus guiños. Los presidentes de América Latina que llegaron a una cumbre en Guadalajara, en los años noventa, fueron invitados a un concierto de *Juanga*, lo miraron con suspicacia, sonrieron, pero terminaron fascinados. Tengo la impresión de que la verdadera seducción es la que ejerció, no ante los votantes, sino ante el poder.

Sin biografía no hay vida. Se decía que Jaime Torres Bodet en vez de vida tenía biografía. Juan Gabriel tiene fundamentalmente vida, y la dosificaba en su biografía. Al principio, trató de ocultarla, pensando que su público no estaba preparado. De pronto, su público lo superó, lo rebasó y estuvo a punto de dejarlo atrás, si no fuera porque ese silencio autobiográfico tenía mucho de misterio. ¿A quién le cantaba *Juanga?*, ¿qué experiencia está detrás de su obra? Con el tiempo —fuera de «Amor eterno», dedicada a su madre—, sus canciones fueron como casas vacías para ser ocupadas por el público. Conchas de cangrejo ermitaño, que eran encontradas mientras se caminaba por ahí. Pongo mis vivencias como decoración, como los muebles. Los sentimientos toman la forma de la canción que los contiene. La madre personal es la madre que está en «Amor eterno», por eso se multiplican las lágrimas. Pero esto ya lo dije arriba, por más que se necesite repetir. Lo que me interesa destacar aquí es que las canciones están en este aspecto subordinadas a la construcción de un mito. Vida y obra cumplen un papel. Para el público de los años setenta, Juan Gabriel tenía un componente de exotismo, la posibilidad de sondear la noche, de vivirla a ciegas, a lo que se sumaba la Frontera, espacio mítico, que entonces era la promesa de un lugar de libertad, el ligue que no decía su nombre porque era una actividad secreta, los jadeos, el ritmo repetitivo hasta el mareo. ¿Cómo será ese mundo diferente? ¿Puede ser Juan Gabriel piedra fundacional de la moderna cultura de la frontera que fue la que rompió el centralismo?

Los elementos en tensión. Sí, se cierra un ciclo. Agustín Lara fue el creador de un estilo, de un lenguaje amoroso.

En él, la mujer era un ser distante, mistificado, pero sin voz, como no fuera una especie de muñeca cuyo ventrílocuo era el compositor. José Alfredo Jiménez construyó un alma altiva, con tantos precipicios que para suicidarse bastaba con tropezarse. Y Juan Gabriel, él hizo de la balada su ecosistema, creó soliloquios en que el alma del amante se habla a sí misma. Aunque se dirige a un tú, es muy probable que no se sienta aludido. Y el reclamo, la resignación o el perdón se enuncian a partir de cierto desamparo. Alberto Aguilera algo tenía de desamparado, ya fuera hablando de su madre o de sus impuestos. Pero por una venturosa inversión freudiana, los espectadores nos descubríamos abandonados, golpeados por la vida, viviendo de promesas (del amor y del PRI), nacidos para tantas cosas menos para amar. El fenómeno completo incluye el *performance* de sus presentaciones. La teatralidad iba de la intimidad de un recitativo a un paroxismo colectivo, a esos rituales instantáneos que decía Monsiváis. Al repertorio de la canción sentimental, Juan Gabriel añadió la catarsis, porque sus finales eran casi dionisiacos, el estruendo del mariachi combinado con la sinfónica. En Bellas Artes murió un prejuicio —falso, porque ya había sido pisoteado por Agustín Lara en los cincuenta y por Lola Beltrán en los setenta—, prejuicio visible pero cada vez menos operante en los juicios sobre la música mexicana.

Probablemente estoy especulando demasiado. Se me olvidaba que ya estaba terminando, que la popularidad de su obra también ha terminado un ciclo, y que su repertorio se ha incorporado en gran medida a las canciones clásicas. Pero lo extrañamos, aunque ya es parte de nuestra gran biografía colectiva. Con el tiempo, estoy seguro, esas dos fuerzas que se enfrentan en su canción, la costumbre y el amor, se reconciliarán en su caso: lo cantaremos por costumbre y por amor.

TODO QUE DAR

Me pregunto qué falta por decir de Juan Gabriel. Creo que todo, que no hemos más que raspado superficialmente el fenómeno. Que las polémicas del instante desviaron la atención por lo fundamental, a menos que lo fundamental sea lo polémico. Pero entonces podríamos buscar otro tipo de polémicas, o bien comenzar un diálogo que aproveche nuestro conocimiento previo, es decir, el de toda nuestra vida pasada, y el que podamos documentar. Pareciera que unos pocos versos no tienen la capacidad de soportar todo un discurso tan poderoso, pero mira qué sucede con su obra, que este autor acusado de superficialidad puede en una estrofa breve testimoniar lo que pasa en un pueblo: «*No tengo dinero, ni nada que dar / lo único que tengo es amor para amar*», dice como para hablar largamente del amor y de la pobreza. Constantemente, el amado no acepta que el amante viva en la pobreza. El amado se casó con un rico. Y uno, ¡caray!, lloró noche tras noche. Debiéramos saber si existe una transacción detrás del amor, o si el amante aspira a conocer el amor verdadero que no se vende ni se compra. Si no ha nacido para amar, ¿se debe a la falta de recursos? ¿Aquel rival que se llevó al amado tuvo ese privilegio gracias a su dinero? No lo sabemos a ciencia cierta porque el tú a quien se dirige Juan Gabriel no ofrece mucho, sólo muros de palabras o de silencio. Por más que él pregunte y suplique, o bien pida sutilmente: casi nada. El amor toma varias caras en estas canciones. Si se pone la máscara del *Puede Ser*, entonces es bello, deseable, un maravilloso idilio, la promesa que será. Pero si muestra el rostro del *Es*, entonces se llena de algo repetitivo, cuenta lo monótono que es caer y recaer en lo mismo, porque la costumbre es una fuerza mayor que el amor. Bueno, es que el problema del amor es que se debe disfrutar en su punto, como un huevo tibio; pero aunque se le pueda pedir a la carta, o imaginar en su momento de mayor deseabilidad, parece que detrás de esa maravillosa palabra, el amor, están la costumbre y el interés. Sólo hay algo eterno y es el amor a la madre. Pero, fíjense bien: no es un amor recíproco, como podemos documentar en la biografía del autor, sino un amor que fundamentalmente va del hijo a la madre. Por un lado, ya está impedido de consumarse a causa de la muerte; de nuevo, la promesa del amor que no está ahora. Pero de nuevo, es el amante que da amor y amor, pero que no tiene dinero, su principal catalizador. Ya se dijo: es una poesía prácticamente sin imágenes, sin metáforas, donde las palabras son más o menos concisas, con frecuentes encabalgamientos a causa de sus largas ideas. Y todo cantado con una gran intensidad. La desgarrada voz acabó por desgarrar la voz de Juan Gabriel. No le interesaba modular de otra manera sino gritar, exasperar. Esa manera de interpretar... Si se fijan bien, no es que el compositor quisiera callar su pena o su alegría: en todos los casos es un intento por hacer de su vida un espectáculo, el desenfado y el regodeo. Al final, en sus videos y presentaciones, Juan Gabriel parecía cantar con distancia, como si trajera sus éxitos sólo rescatando la melodía, el placer de cantar y el humor, la actuación más o menos fársica. Como diciendo: es agua pasada. La historia de este amor, de esta canción, está más que superada. Queda disfrutar y mirar en retrospectiva. Esos dos aspectos tenían sus canciones, lo cual causaba cierta tensión en el momento de cantar, con el placer de presenciar y con la tristeza de abismarse en sus letras. ¿Cómo calificar este fenómeno? ¿*Kitsch*, cursi, naíf? Sí, hay cierta ingenuidad, pero no en todo su repertorio. Hay canciones que exigen más de parte del auditorio, mayor atención, son casi monólogos. Lo cursi es una categoría que no le pertenece, porque no aspira a la elegancia ni le interesa, más bien se regodea en freír el mismo discurso en la misma sartén, obsesivo. Lo *kitsch* es algo más lejano, de actitudes más estudiadas, conscientemente ridículas. En cambio, está lo *camp*, esa manera de sentir que construyó el pensamiento gay. Este sí es un discurso creado en público con contenido en la sombra: la diferencia, el exhibicionismo gay, el logro de mostrar en público un contenido que se aprecia pero que no logra ser cuestionado de manera inquisitorial. ¡Qué bochorno! Mejor hacemos como que no nos damos cuenta. Y sólo así florece en libertad hasta llegar a ser uno de los discursos más visibles de hoy, discurso estético. Hay algo de tensión, es cierto, una gran tensión, porque si sólo nos fijamos en la parte exterior, en efecto, hay oropel: oro piel, algo que tiene la piel dorada pero que esconde algo más. Esa profundidad queda lejos de una visión desatenta. Y esa tensión es la gran vitalidad, la que permite que un público acuda a limpiarse a un repertorio y un estilo. Al final, Juan Gabriel grabó sus dos discos de duetos, con arreglos más que notables, como una culminación. Pero todas canciones clásicas, es decir, compuestas entre los años setenta y ochenta. Eso significa, como ha ocurrido con los grandes compositores mexicanos, que es la producción de una etapa de intensidad, cuando tenía tantas cosas por decir. Después, a depurar el repertorio, a construir el mundo de los intérpretes, las grandes creaciones, y finalmente, la madurez de una trayectoria. Y sin embargo, no estábamos preparados para la despedida. Llegó cuando estaba renaciendo por quién sabe qué ocasión. Queríamos seguir escuchándolo más, así que no nos queda más que decir con desaliento: ¡Caray, cuando te fuiste!

PÁVEL GRANADOS

Estudió Letras Hispánicas en la Facultad de Filosofía y Letras de la UNAM. Becario del Centro Mexicano de Escritores (2004-2005). Escribió con Guadalupe Loaeza la biografía de Agustín Lara *Mi novia, la tristeza* (2008). Su libro *El ocaso del Porfiriato* (FCE, 2010) es una antología y un estudio sobre la poesía en México entre 1901 y 1910. Desde 2002 conduce en Radio Red el programa de investigación musical *Amor perdido*. Es coordinador del Catálogo de Música Popular Mexicana de la Fonoteca Nacional.

No vale la pena, corazón,
es amor de un rato,
si siempre yo te veo, corazón,
muy de vez en cuando.
No vale la pena,
date cuenta de eso,
que lo que tú me has dado
es una miseria,
son muy pocos besos
para un enamorado.

«No vale la pena»

EL OÍDO ILETRADO
Braulio Peralta

Uno puede prescindir de algunas o muchas de sus canciones —de entre mil ochocientas que compuso—, pero lo que no se puede hacer es olvidar algunas frases de esas piezas que ya son del dominio público. (Ahora que ha muerto, muchos de los artículos sobre su persona y obra han sido titulados con sus composiciones, o citado versos completos de sus letras. No es poca cosa.)

Tenía oído para pepenar la sabiduría del mismo pueblo que lo encumbró. Estudió apenas hasta el quinto de primaria —tampoco estudió música— pero se llenó los tímpanos de *pop*, ranchero, sones, banda, boleros, baladas, rumba, *rock* y hasta salsa. No sabía leer música pero la entendía tan bien que componía por intuición. El sentimiento musical estruja el corazón, el músculo que palpita y que olvidándose del cerebro se permite la emoción; rendirse ante el drama de vivir, donde el conocimiento poco importa. Punto.

Era tan buena su capacidad para escuchar que hizo el verso perfecto, musicalizado, con «Amor eterno» (quien lo dude, que lea en *circulodepoesia.com* la disección poética de la pieza hecha por Yuri Vargas, aunque no es la única con versos de primera). Es un poeta popular nato —no naco—, sin ninguna presunción intelectual. Texto y música en la composición son como la carne y el hueso, no se pueden separar. Ese oído iletrado caló profundo en el sentimiento del idioma castellano, como José Alfredo Jiménez o Agustín Lara. Sus letras compiten por igual.

Su éxito no fue un golpe de suerte ni lo encumbró la televisión. No. Fue su empeño, su terco afán de ser compositor, tanto, que defendió sus derechos autorales y se los quitó a quienes habían saqueado su patrimonio. Diez años peleando por su obra hasta que venció y regresó con un nuevo disco, *Pero qué necesidad.* Un artista contra el mundo del hurto y el plagio. De tonto, ni un pelo. Sin apellidos ni familiares o poderes fácticos que lo encumbraran —no cualquiera puede decir eso—, el oído iletrado —aunque suene cacofónico— nos dejó para siempre.

Inmortal es aquel a quien las masas se niegan a ver muerto y se apropian de su arte, como María Félix o Pedro Infante. Es lo que hemos visto en las calles del país: lo cantan, lo interpretan, lo quieren, como Gabriel García Márquez pedía para su escritura. (Escribo «escritura» y pienso que sin música nadie puede comunicar nada, porque haría falta oído. Él tenía el don, con esa sintaxis que empataba a la perfección con una música que se adhería como cadencia en subidas y bajadas sentimentales, lejos de la razón.) Porque el arte —culto o popular— no razona: comunica. Y no hay explicaciones para el gusto, o el disgusto.

Se vale que exista gente que no aprecie su trabajo. Lo que no se vale es descalificar sin argumentar, cuando poco se sabe de verso y música. O sin siquiera detenerse a escuchar con atención, para diseccionarlo y apartarlo del oído que se dice refinado. Lo popular siempre vive alejado de los ismos: una lección más para los informados pero no cultos. Tener información no es tener cultura.

Siempre me importó poco aquello de «lo que se ve no se pregunta». Pero ahora que termino de escribir estas líneas, a él —más que a nadie— México le debe que existan menos crímenes de odio por homofobia. Machos o no, casi todos —repito el casi— cantamos con él. Hasta Norberto Rivera.

Gracias, Juan Gabriel.

HOY ES TU DÍA

Flores, canciones y amor. Letras, tonadas y voz. Hoy es tu día en la Ciudad de México: el espejo de un país que vive para recordarte. Donde hasta la envidia que provocas es aplauso a la presencia de tu ausencia. Eres la víctima consagrada que pasa de lo marginal al centro. Te oímos, te compramos, te alabamos, te invocamos. Matamos el odio para pensar que en México es el amor lo que devora las almas.

Un país donde levantaste el ánimo. Para que cuando nos vaya mal al menos sea como aquella noche de Bellas Artes, el día de tu consagración. Regresas allí y se acrecienta tu leyenda, después de una semana sin ti. Cenizas sólo, cuando fuiste cuerpo y espíritu. Cuando creciste en la convicción de que la vida es cuestión de voluntad y, de esa certeza, a los estadios, palenques, tumultos: para verte, tocarte, sentirte.

No en balde escribiste: «No creas en el Dios que inventó el hombre», cree en ti. No en balde hasta la Iglesia católica te hace misas de difunto. No en balde la contradicción de un mundo ciego que se niega a ver la familia que creaste. No en balde el movimiento homosexual te quiere reivindicar cuando tú nunca fuiste activista gay. No en balde la homofobia que provocas a tu paso...

Pero se acabó. Hoy es tu día. Pedro Infante, José Alfredo Jiménez, Agustín Lara y María Félix están contigo, «*en el mismo lugar y con la misma gente*». La gente, ese conglomerado de voces que te consagran en las calles, bares, fiestas, reuniones familiares. La gente, que te escucha como un susurro que palpita en medio de la desgracia de México, que tiene un presidente casi de rodillas, sin discurso, ciego ante la tragedia de una nación que convive, sobrevive con la frontera norte.

El paroxismo en el *rating* de tu vida inerme. Importas, interesas, apasionas. Me niego a pensar que nunca terminaste de leer un libro, si el uso de las masas hoy está en tus manos. Me niego a creer que uno pueda enamorarse en función de tus canciones. Pero pasa. Bebiste agua de pueblo y la filosofía popular acaba con teorías intelectuales. El intérprete de sí mismo logra comunicar lo que nadie y vivió en aislamiento, como todo buen triunfador.

Disfruta de tu día, Juan Gabriel.

BRAULIO PERALTA
(Tuxpan, Veracruz, 1953)

Periodista, activista y editor, fundó y dirigió la revista *Equis, Cultura y Sociedad*. Autor de *De un mundo raro* (1996), *El poeta en su tierra. Diálogos con Octavio Paz* (1996 y 2014), *Los nombres del arco iris* (2006) y *El clóset de cristal* (2016). Escribe en *Milenio Diario* y en el suplemento *Laberinto*.

No sabía de tristezas,
ni de lágrimas
ni nada, que me hicieran llorar.
Yo sabía de caricias, de ternura,
porque a mí desde pequeño
eso me enseñó mamá, eso
me enseñó mamá,
eso y muchas cosas más.
Yo jamás sufrí, yo jamás lloré.
Yo era muy feliz, yo vivía muy bien.
Yo vivía tan distinto, algo hermoso,
algo divino, lleno de felicidad.
Yo sabía de alegrías, la
belleza de la vida,
pero no de soledad, pero
no de soledad,
de eso y muchas cosas más.
Yo jamás sufrí, yo jamás lloré,
yo era muy feliz, yo vivía muy bien.
Hasta que te conocí,
vi la vida con dolor.

«HASTA QUE TE CONOCÍ»

FUE UN PLACER CONOCERTE...

Wenceslao Bruciaga

Si algo tenía Juan Gabriel, era su macizo entendimiento de lealtad y respeto para consigo mismo, más despiadado y pesado que un yunque. Es evidente que le ardía hasta el esfínter cuando lo bateaban, pero una vez que tomaba la decisión, sin renegar del llanto y las pataletas, en sus letras se encargaba de dejar muy, pero muy claro, que nunca volvería. Mucho menos se pondría a rogar.

Hace menos de quince días fue el concierto de Public Image Ltd. Todo era perfección, la primera vez que en mi vida vería a esa leyenda del *punk* británico, John, antes Rotten, luego Lydon. Hasta que me topé al pinche ex con su nuevo noviecito, un flacucho bien parecido con una estúpida camiseta de Keith Haring, como veinticinco años menor que él y que seguramente en su vida había escuchado «Seattle» o «*Disappointed*». Pinche suerte la mía.

De regreso y después de irme a coger por despecho, puse en *repeat* el himno de PiL, «*Rise*», dándole vueltas a la escena del ex y su novio en mi cabeza una y otra vez. Pensaba en mandarle un mensaje, un puñado de palabras que alimentaran una esperanza, aunque fuera falsa.

Basta. Déjate de estupideces, Wences: «Fue, nunca volverá a ser, recuérdalo» decía Paul Auster en *La invención de la soledad.* Agárrate los huevos. Ante todo, el orgullo. Acuérdate lo que decía tu comadre Aguilera: «*Aunque me cueste la vida y aunque me cueste llanto, te aseguro, que te tengo que olvidar*». Saqué el iPod y puse «Te voy a olvidar». Y así, entre guitarras, trompetas y la inconfundible voz del *Juanga*, vidriosa, gemebunda, nasal y de una dignidad tan afectada como afeminada e inamovible, fui paralizando los dedos para no enviar un solo mensaje que desatara compasiones inservibles e innecesarias.

Tengo un *playlist* que se llama «Me muerdo un huevo antes de buscarte». Puras canciones de despecho amoroso interpretadas por Spiritualized, Arab Strap, The National, Mazzy Star, Bright Eyes, los Smiths y Moz, y muchos otros. Ahí, entre Pavement y los Red House Painters, tengo a Rocío Dúrcal con «Juro que nunca volveré». Siempre me ha gustado cómo la Dúrcal canta las letras de Juan Gabriel, nuestro Elton John, Freddie Mercury y Morrissey encarnados en *El Divo* de Juárez, Chihuahua, su terruño adoptivo, pues en realidad nació en Parácuaro, Michoacán.

EL JOTO QUE ARRODILLÓ AL MACHISMO

Alguna vez Charles Bukowski dijo de John Fante, cuando este saltó a las grandes ligas, que al fin se había topado con un escritor que «no le tenía miedo a sus sentimientos».

Inocente pobre amigo. Si Bukowski hubiera escuchado a Alberto Aguilera Valadez (que pudo ser el perfecto nombre para un rapero), *a.k.a* Juan Gabriel, cantar con el corazón en la mano: «*No hay necesidad que me desprecies, tú ponte en mi lugar, a ver ¿qué harías? La diferencia entre tú y yo tal vez sería, corazón, que yo en tu lugar... sí te amaría*», se hubiera quedado pendejo. Aguilera no sólo no le temía a sus sentimientos, al escribir sus versos con un dominio escrupuloso de la acentuación mexicana, tampoco huía del regocijo o el masoquismo que implica enamorarse en términos de la idiosincrasia mexicana, con todos sus malabares de fiesta (sus conciertos bien pudieron ser los precursores del *rave* mexicano por su duración y éxtasis; tuve la oportunidad de verlo varias veces en los palenques de la Feria del Caballo de Texcoco), machismo, sometimiento y matriarcado. Tomando en cuenta que a pesar de que el objetivo amoroso de sus rolas sugiere a una mujer, lo más probable es que estuvieran inspiradas en cabrones que le rompían el corazón, similar a las sospechas de Tennessee Williams, pero a diferencia del gran escritor norteamericano, *Juanga* rebasó con la frente en alto la frontera de la intelectualidad donde la sexualidad ambigua no es tan mal vista. *Juanga* es el poeta del joto mexicano que todos llevamos dentro.

Dijo que «lo que se ve no se juzga», frase célebre vigente hasta el día de hoy. Su homosexualidad se daba por un hecho a pesar de que nunca la asumió con frontalidad y los chismes de su paternidad subrogada fueron dinamita en las revistas y los programas de la farándula mexicana. Nunca asumió una postura de activismo lésbico-gay mexicano aunque su figura fue emblemática para el orgullo del mismo, y después de su muerte muchos van a querer ver en Juan Gabriel a un héroe; otros ya le adjudican atributos propios de las teorías *queer*. Dudo mucho que Alberto pasara las tardes leyendo a la Butler o a la Wittig. Su desafío al machismo mexicano era intuitivo: llevar al límite las pasiones por encima de las teorías académicas que justificaran su jotería.

Su activismo fue el de ser él mismo, vivir a flor de piel la tragedia de ser joto, un joto que admiraba (y bebió) de la sensibilidad masculina y anticuada de José Alfredo Jiménez, lo mismo que de Lola Beltrán y Lucha Villa con todo y sus resbaladizos sometimientos, que desquiciarían al feminismo actual, combinación insertada en la dura vida de *Juanga*, provinciano que conoció la pobreza extrema, la cárcel y la culerez materna.

Juan Gabriel no sólo no le tuvo miedo a sus sentimientos, tampoco le temblaron las piernas para jotear sabroso en los escenarios frente a un público hasta la madre de machos a los que la sola idea de dos hombres besándose les produce asco y violencia. Aunque valdría la pena preguntarse qué tanto «Amor eterno», el himno *post mortem* que *Juanga* escribió para su madre, tuvo que ver en ese fenómeno: miles de hombres homofóbicos quitándose el sombrero frente a un maricotas adicto a las lentejuelas y al compás afeminado. «Amor eterno» se convirtió en el último poema a la madre mexicana arrullada en su féretro y es la rola que menos me gusta de *El Divo de Juárez*, precisamente por reforzar el imaginario del matriarcado que en buena parte es el caldo del caldo de cultivo del machismo que tanto aborrece el activismo gay mexicano.

Juan Gabriel falleció el 28 de agosto de 2016, dejando un monumental cancionero cuya principal virtud fue la de diseccionar, inmisericorde, el ADN del melodrama del sentimiento mexicano, con todas sus moralinas y surrealistas contradicciones.

WENCESLAO BRUCIAGA

Es columnista, cronista, melómano, puto, *punk*, boxeador y autor de los libros *Tu lagunero no vuelve más*, *Funerales de hombres raros* y *Un amigo para la orgía del fin del mundo*.

Tú eres
la tristeza de mis ojos
que lloran en silencio por tu amor.
Me miro en el espejo y
veo en mi rostro
el tiempo que he sufrido
por tu adiós.
Obligo a que te olvide
el pensamiento
pues siempre estoy
pensando en el ayer,
prefiero estar dormido
que despierto
de tanto que me duele que no estés.

Cómo quisiera
que tú vivieras,
que tus ojitos
jamás se hubieran
cerrado nunca
y estar mirándolos.

«AMOR ETERNO»

AQUEL SECRETO

Luis Manuel Arellano

Era una casa grandota de dos plantas, con jardín al centro y fuente de cantera, pero ubicada en el primer cuadro de la ciudad de Morelia; en su interior se escuchaba el silencio. La conocí una tarde de 1991 cuando la doctora Yolanda Pineda, directora de la asociación civil «Michoacanos Unidos por la Salud y contra el Sida», me invitó a visitar un paciente suyo que vivía ahí, a quien llamaré Efrén. Al entrar no encontré un hogar convencional; me percaté de que estaba muy limpio pero con cierto aire de abandono. Observé muebles viejos en las distintas habitaciones, sorprendido por las dimensiones de la construcción. Él se encontraba al fondo de esa mansión, dentro de una de las recámaras. Tendría cuarenta años pero estaba muy delgado, sobre todo débil. La infección por el virus de inmunodeficiencia humana había prácticamente fulminado sus defensas; nada se podía hacer para recuperarle la salud. Me sorprendió la entereza con que nos recibió y luego el humor ácido que su conversación creaba, contrastado con pinceladas de tristeza en sus ojos. Yolanda nos presentó y sentí su aprobación inmediata.

La conversación se interrumpía por una persistente tos. Con el cigarro en la mano aseguró: «Yolanda me pide que deje de fumar, pero ya es el único placer que tengo y pronto he de morir, así que seguiré fumando».

La doctora le procuraba cuidados paliativos; médicamente y en Morelia no había nada más por hacer. Este hombre solitario, sin embargo, vivía acompañado: una guapa mujer transgénero lo cuidaba con esmero, lo alimentaba, lo aseaba y en un automóvil blanco grande (nunca he sido bueno para identificar marcas o modelos, pero ese carro era bastante elegante) también lo llevaba a pasear. La reservada asistente de Efrén vivía en la planta alta del caserón, adonde llegaba para dormir con ella un policía judicial bastante varonil, al que invariablemente recuerdo con botas, sombrero y pistola en la cintura.

Esa es más o menos la postal que hoy puedo referir. Un hombre en fase terminal de sida, asistido por una mujer transgénero que a su vez sostenía un vínculo afectivo con un varonil policía judicial, todo dentro de una enorme casa que evidentemente no era suya. ¿Había mejor manera de resistir el estigma y el abandono no sólo familiar sino también gubernamental durante los primeros años de la epidemia? Sin duda en Morelia me aproximé a otra de las múltiples historias que al paso del tiempo han dado consistencia y soporte a mi lucha personal contra esta epidemia.

Entre 1990 y 1992 viajé con frecuencia a Morelia, buscando respaldar las actividades de la asociación dirigida por Yolanda Pineda. Mis periplos incluían visitas a Efrén, con quien construí una efímera amistad aunque en un entorno de hermetismo respecto de su vida. Efrén sólo me hablaba del presente. No puedo decir que nos hicimos entrañables pero de alguna manera se desarrolló afecto; nos daba gusto vernos. Quizá por eso, a invitación suya me hospedé varias veces en esa casa: «Aquí es muy grande, quédate... además me harás compañía», decía. Durante esa cercanía empecé a percatarme de que tanto la casa como la vida misma de mi nuevo amigo significaban gastos, dinero, mucho dinero. «¿De quién es la casa?, ¿quién sufraga tu economía?», le pregunté en una ocasión y me respondió que un amigo suyo. «¿Quién?», volví a interrogar pero me advirtió que no me lo diría porque esa había sido la condición del apoyo que estaba recibiendo: nunca revelar quién lo ayudaba. Además me lo dijo con ese desplante que genera el orgullo de vincularse a alguien importante.

Por la manera en que me contó de su mecenas, de alguna manera tomé su respuesta como una simulada invitación a insistirle, aunque también sabía que yo no tenía derecho a irrumpir en sus promesas. Pasaron semanas y charlas de temas sencillos, quizá banales; nunca mencionamos las palabras *sida* ni *homosexualidad*, aunque Efrén tenía ánimo para alburearme o lanzarme de vez en vez alguna coquetería. Tampoco le pregunté por qué vivía una hermosa mujer transgénero en esa casa y por qué lo cuidaba con tanto esmero. Ser reservado —me queda claro— tiene sus consecuencias. En la vida de Efrén había información valiosa en términos de integración, solidaridad, amor y destino, que en este momento me hace falta para recordarlo mejor, por eso no me podré perdonar haber asumido que su secreto tenía que ser mi secreto.

En las siguientes visitas que le hice puse más atención a la enorme casa; pensar que eso debía valer una fortuna me aumentó los signos de interrogación respecto al origen de la propiedad y de los recursos ahí depositados, dado que Efrén de alguna manera lo tenía todo al alcance. Por eso le pregunté a la doctora Yolanda por el origen de tan importante apoyo, y tampoco quiso responder: su dulce sonrisa me hizo suponer que el filántropo amigo de Efrén era alguien importante sin afán de protagonismo, por haberles pedido discrecionalidad frente a una profunda expresión de solidaridad.

La última vez que conversé con Efrén volví a preguntarle por el nombre de quien pagaba sus gastos, y que a la distancia y a través de él, mesura de por medio, también luchaba contra la epidemia. Difícil suponer que me respondió porque lo persuadí o porque no quería fallecer sin compartirle a alguien más el nombre de quien le permitió vivir con decoro y dignidad dándole fortaleza, que asocio con los cimientos de esa enorme casa, pero al final habló y me reveló su secreto: «Juan Gabriel», me dijo. «Él es quien cuida de mí. Somos amigos y no me ha abandonado.» Entonces asumí que yo también iba cargar aquel secreto absurdo respecto a uno de los más hermosos pasajes en la vida del artista. Han pasado veinticinco años entre la muerte de mi amigo michoacano y la muerte de su amigo, Alberto Aguilera Valadez; sin pretenderlo me percato de que aquella decisión dibuja una personalidad emergente en Juan Gabriel, a quien muchos han cuestionado por qué no hizo nada contra el sida. La verdad es que sí lo hizo pero a su manera: discretamente, en voz bajita, como pretendiendo que fuera otra de sus incontables expresiones de amor.

Aunque Juan Gabriel nunca se proyectó como activista de causas sociales, tampoco se limitó para realizar actos de profundo sentido humanitario, como haber sostenido durante veintiocho años un albergue infantil en Ciudad Juárez. En Parácuaro, su pueblo natal, abrió una escuela de música y entregó recursos para mejorar una carretera. Hay reportes de varias acciones orientadas a fortalecer la economía local y también de que canalizó dinero en favor de niños con cáncer. A su familia la apoyó económicamente. Imagino que realizó otras acciones de altruismo pero estas me parecen suficientes para asegurar que su sensibilidad social iba más allá del canto. El apoyo ofrecido a su amigo Efrén para que enfrentara la etapa final del sida con dignidad y atención, confirma que *El Divo de Juárez* estaba al tanto de la epidemia.

Se equivocan quienes han criticado que Juan Gabriel, por ser gay, no hubiera contribuido en la lucha contra el VIH/sida, pero lo más seguro es que un mensaje suyo, dentro de su narrativa amorosa, no iba a tener impacto epidemiológico porque la prevalencia elevada del VIH en la población gay no es consecuencia de si un famoso hace o deja de hacer proselitismo en materia de salud sexual. Lo que hace falta es que se construya percepción de riesgo frente a la transmisión de infecciones sexuales y, subrayo, eso no se logrará porque un famoso lo diga o lo recomiende.

¿Es posible que Juan Gabriel haya canalizado recursos a alguna asociación de lucha contra el sida a cambio de conservar el anonimato? Siguiendo el patrón asistencialista que lo caracterizó en los casos conocidos, sí es posible, sobre todo porque la elevada prevalencia del VIH en la población gay no le permitió a ningún artista homosexual presumir que la epidemia no alcanzó sus entornos afectivo, íntimo o comunitario, como lo revela el caso de Efrén. Además, hablar públicamente de VIH/sida exige información, conocimiento científico y documentado para orientar a la opinión pública, un contenido discursivo ajeno a Juan Gabriel que seguramente no quiso adquirir y a lo que tampoco estaba obligado.

Lo anterior de ninguna manera podría proyectarlo como insensible al tema de la homofobia y en general a la necesidad de dar visibilidad a la diversidad sexual. Sobre esto último resulta evidente que Juan Gabriel contribuyó a posicionar una parte de lo que se entiende como LGBTI dentro del romanticismo popular, lo que alentó una verdadera expresión de subversión identitaria en ámbitos públicos hasta entonces vedados, como el Palacio de Bellas Artes. Sus aportaciones comunitarias no surgieron de ningún movimiento político, debe quedar clarísimo. *El Divo* de ninguna manera alcanzó las marquesinas del éxito porque hiciera activismo gay, aunque en la campaña electoral priista de 2000 ofreció con uno de sus temas respaldo a dicho partido.

¿Qué pensaba el famoso y popular cantautor acerca del género, de la opresión heteronormativa y la necesidad de combatir el odio hacia la población gay? Lo ignoro, pero si entabló amistad con el escritor Carlos Monsiváis me queda claro, por los compromisos de este último, que esos temas debieron ser parte de sus conversaciones. Quiero anotar lo anterior para trazar una aproximación a Juan Gabriel fuera de escena, en ese ámbito personal donde su discreción irónicamente generó una violenta irrupción homofóbica, sobre todo del periodismo de espectáculos, en su vida personal.

Por eso hay que distinguir. El triunfo en los escenarios durante medio siglo (debutó en el Noa Noa a los dieciséis años), así como la venta de millones de copias de sus discos, no son consecuencia de su condición gay ni tampoco del *performance* lúdico con el cual amenizaba cada concierto; logró el estrellato porque tenía talento, sensibilidad y honestidad frente a su público.

Por otra parte estoy convencido de que el eje creativo, laboral y existencial de Juan Gabriel fue su corazón: tengo la impresión de que desde muy joven descubrió el ritmo de ese órgano muscular, y que las melodías escuchadas desde entonces quedaron atrapadas en las letras y arreglos de sus canciones. Era la vocación para la que nació y que cumplió puntualmente.

Asumo la osadía de hablar del corazón de Juan Gabriel, pero hay que hacerlo porque esa palabra y muchas de las expresiones populares con las cuales se asocia están presentes en cientos de sus canciones. Escribió Roland Barthes que el corazón «es el órgano del deseo», y si ponemos atención al legado musical de este creador (se le atribuyen mil ochocientas canciones), puede plantearse que dar y darse fue parte sustanciosa de su vida. Es posible que de esa manera liberara su ser y con ello incrementara sus audiencias; de otra forma no puede explicarse por qué había llenos totales en cada presentación, prolongadas durante horas, y por qué literalmente se entregaba en cada una de ellas. Se trata de un hombre que honró al amor y si lo hizo es porque vivió el amor, porque lo disfrutó y porque lo sufrió.

Juan Gabriel debió reflexionar mucho sobre su destino y lo hizo a través de la palabra. Por eso es que ahora brotan como aforismos muchas declaraciones o extractos de sus canciones: «lo que se ve no se pregunta»; «*la costumbre es más fuerte que el amor*»; «cuando uno se va lo único que se lleva es lo que da»; «del infierno he creado mi propia gloria»; «que cuando se peleen sea por mí»; «el arte es femenino»; «*pero qué necesidad*», etcétera.

Como millones de mexicanos, crecí escuchando el amplio repertorio de Juan Gabriel. Supe de él en el popular programa *Siempre en domingo,* conducido por Raúl Velasco. Desde mi adolescencia distinguí su singular *manerismo*, que rompía con el arquetipo de los cantantes masculinos; el otro referente que recuerdo venía del intérprete español Raphael. Ambos, proyectados por la televisión. No obstante, y al paso del tiempo, Juan Gabriel evolucionó en el manejo público de su personalidad. Sus *shows* fueron incorporando vestuarios coloridos, desafiantes en gustos y por demás extravagantes; ahora sabemos que gastaba miles de dólares en cada uno y que algunos contenían piedras valiosas. La evolución también se presentó en sus movimientos sobre el escenario, provocativos y sensuales; gustaba de bailar y romper formalidades, incluso coqueteando con el público. Que no quepa duda: fue un artista que subvertía el género, que desafiaba los íconos del macho en ámbitos estratégicos como los palenques, pero sobre todo en el ámbito de la canción ranchera. Es un hecho que hasta los mariachis se acoplaron a ese ritmo.

Su ascenso en las marquesinas y en las disqueras siempre se produjo en paquete, es decir, sin que necesitara renunciar a su singular personalidad, que también se potenció. Harán falta aproximaciones más específicas que permitan valorar el impacto cultural del *performance* construido por Juan Gabriel y estimar qué tanto el hombre de los escenarios fue diferente de la persona a la que encarnaba.

Un video divulgado en agosto de 2014 deja entrever que el artista entraba a una etapa renovada de su personalidad luego del paréntesis laboral que lo retiró del escenario supuestamente por razones de salud; se trató de una entrevista que Alberto Aguilera Valadez le realizara a Juan Gabriel. Dejo para el psicoanálisis la mejor interpretación de esta confesión-conversación entre el hombre y su creación. En ese diálogo son cómplices, son amigos, se necesitan y están conscientes que si uno muere, el otro también; por eso hablan y se ponen de acuerdo para continuar trabajando.

En la entrevista, reveladoramente, es Alberto quien asume una personalidad femenina: el abanico, los lentes oscuros y la postura corporal revelan que *El Divo* es él, no su álter ego. La identidad es un referente público y se construye para los demás; quizá por ello (acepto mi especulación) es que Juan Gabriel estaba siendo relegado por Alberto, quien en su vida personal no dejó de presentarse bajo su nombre de pila y pedía a sus allegados llamarlo de esa manera. ¿Había Alberto pensado en asumir mayor visibilidad pública y por ello le explicó a Juan Gabriel que el centro de la historia era él? ¿Nos estaba adelantando que quien podía morir era el niño que nació en

Parácuaro, Michoacán? ¿Pretendía asegurarnos que Juan Gabriel sería inmortal aunque Alberto falleciera?

En el parte médico difundido se notifica que el artista murió de un infarto, con lo que parece cerrarse el círculo artístico de un hombre que ofreció su corazón como tributo en cada ritual que le hizo proyectarse de manera exitosa como cantante, compositor, arreglista e incluso actor (protagonizó diez películas, malas por cierto). En este sentido es una tragedia que se topara intempestivamente con el límite. En el estupendo libro *Del cuerpo*, Mauricio Ortiz apunta respecto al corazón: «sólo es un pedazo de carne, el miocardio. Cuatro cavidades, otras tantas válvulas, un fino marcapaso, un minucioso electrocardiograma y sangre y ruidos de por medio, contraer y volverse a contraer. De pronto le da hipo, a veces se rinde en silencio, otras se infarta con estrépito y al final siempre se detiene, el maldito».

Escribir sobre Juan Gabriel conlleva mucha responsabilidad; yo lo hago porque el apoyo material y también afectivo que brindó a su amigo Efrén cuando lo supo enfermo de sida me hizo sentirlo vinculado a la lucha en la que personalmente me acababa de involucrar. Creo que su legado cultural se defiende solo, pero siempre habrá el riesgo de acentuar la subjetividad sobre él, porque su vida tiene demasiados recovecos, secretos y pasajes privados o, por el contrario, tan conocidos que en el cúmulo de referencias periodísticas se han olvidado, diluido o distorsionado. Y todo esto es lo que dimensiona su existencia, ya que cuando elegimos de qué manera vamos a aproximarnos a una persona también nos estamos mirando, simultáneamente, en un espejo.

LUIS MANUEL ARELLANO
(Ciudad Valles, San Luis Potosí, 1961)

Periodista. Activista en la lucha contra el VIH/sida.
Actualmente escribe el blog «El lado oscuro» en *Excél-sior* y es analista en Imagen 90.5.

Es difícil aceptar que me
tenga que quedar
algún día sin usted.
Pero así que ser tendrá,
yo quisiera que jamás
pero mía usted no es.
Pero qué necesidad,
para qué tanto problema.
No hay como la libertad
de ser, de estar, de ir
de amar, de hacer, de hablar,
de andar así sin penas.

«PERO QUÉ NECESIDAD»

NOS SIGUE AMANDO
GUILLERMO ARREOLA

Para Erny

Según cuenta la leyenda, a principios de los años setenta vivía en México una idolatría musical que se sentía incompleta y en desventaja respecto de sus semejantes e intentaba mitigar, pasmada ante la probabilidad del error, sus insatisfacciones y su falta de plenitud, deambulando a ciegas entre baladistas perecederos, *covers* de éxitos en inglés, *vedettes* de sospechoso segundo oficio y promesas inacabadas del espectáculo; recurría con insistencia a la nostalgia, removía en las cenizas del pasado y caía en los abismos de la zozobra sin que a sus manos, llenas de barro, las pudieran saciar las últimas fotografías de su afán por venerar: intérpretes de la canción vernácula, conjuntos de música tropical y las más ingenuas composiciones de *rock* mexicano. La radio navegaba sin rumbo fijo, exhortando a los cantantes nacionales y a los de importación a que convivieran cordialmente en su seno, y en las compañías disqueras reinaba la incertidumbre de si algún día podrían repartir a diestro y siniestro discos de oro y de platino, y los auditorios y los centros nocturnos padecían de una nostalgia futura por una figura que fuera capaz de convocar a miles de personas en una sola noche y sostener largas temporadas de presentaciones, y con ello establecer récords de asistencia. Y el chisme y el escándalo se abochornaban de cubrir con su capa letal a efímeros personajes que no lograban homogeneizar el morbo del pueblo. Y las sinfonolas, en bares y loncherías, pedían a gritos que se les renovaran sus repertorios con canciones que reflejaran fidedignamente las emociones de los oyentes.

Y ante tal caos y oscuridad dijo el público: hágase el ídolo. Y después de ponderar el cúmulo de adversidades que, como condición inapelable, todo ídolo verdadero debe haber enfrentado, cayó su mano benefactora sobre Alberto Aguilera Valadez, a quien ahora, gracias al consejo de los afectos, barajeando combinaciones de seudónimos, hizo llamarse Juan Gabriel. Y para tal designio se basó el público en una canción: «No tengo dinero». Entonces vio la idolatría que todo aquello era bueno, y lo bueno que era empezar a sentirse llena, y así, dijo: produzca el ídolo, que dé semilla, música que dé fruto; que sea pródiga su inspiración.

Y vio la fama que contaba con un nuevo adepto y abrió sus brazos no sin antes cobrar la obligada cuota artística que precede a la consagración: descalificación en el ahora remoto festival OTI, reticencia inicial del público al corroborar la singularidad de su elegido, participación en caravanas y giras a lo largo y ancho de la República, semanas y semanas de ardua labor transmutando los sentimientos en letras y las letras en géneros, que se vieron remunerados con la continua programación en las radiodifusoras, con las inusitadas ventas de discos, con la admiración generalizada cediendo ante la creatividad compulsiva del artista.

Y así aconteció que de norte a sur y de este a oeste del sentimiento y de las ciudades, de los pueblos y rancherías más distantes, acudieron las emociones, neutralizando diferencias de clases y de edades, desconcertadas entre ellas al saberse comunes, para converger en una misma coordenada musical y en un mismo interés: la música y la vida de Juan Gabriel. Y vieron todos que la semilla del sentir del pueblo era la misma que la del ídolo y que se expandía con rapidez vertiginosa, derrotando a su paso escepticismos y dudas acerca de la autenticidad en su voz y en las voces de un abultado etcétera, y en producciones cinematográficas en las que el rumor depositaba, inútilmente, su deseo de convertirse en verdad irrebatible, y por medio de la proliferación de clubes de fanáticos, reconocieron todos que si a los cantantes se les llamaba estrellas, Juan Gabriel rebasaba el concepto y alcanzaba la condición de sistema solar, pues a su alrededor gravitaban las carreras de otros intérpretes y de sus composiciones derivaban éxitos rotundos y renacimientos artísticos. Y fue feliz el público al saberse receptor de la entrega incondicional del ídolo.

Y dijo la idolatría, al ver que su creación estaba hecha a semejanza e imagen de sus necesidades: produzca el ídolo multitudes y tumultos, y a estos dijo: creced y multiplicaos, y ordenó al aplauso prolongar su duración sin preocuparle los límites geográficos, de forma que, sin recato e ignorando polémicas inútiles sobre las preferencias íntimas del ídolo, se hacía presente con la misma intensidad fuera en un palenque o en el Rose Bowl de Los Ángeles, en el Palacio de Bellas Artes de la Ciudad de México o en el Madison Square Garden de Nueva York.

Y el público, que en un principio rehúsa a congregarse en torno a la costumbre —aunque sus hábitos revelen lo contrario—, al ver lo que había hecho fue benigno consigo mismo e integró a su memoria y a su educación sentimental —como si se tratase de un soma surgido de la tierra y en camino hacia el cielo— la música y la voz de Juan Gabriel, la efigie de Juan Gabriel, la capacidad de Juan Gabriel para unificar gustos, para desmenuzar y luego rehacer la cartografía del amor, convertir el arrebato en práctica y el sufrimiento en un estado de gracia: el estilo de Juan Gabriel como una necesidad social, su presencia como un catalizador de los deseos reprimidos.

Así fue como, cuenta la leyenda y consta en las sagradas escrituras del espectáculo, con un talento musical sin paralelo Juan Gabriel proveyó al pueblo de un rostro emocional, de una banda sonora masiva y de plenitud a una idolatría, la cual no reposó al crear su obra sino que se siguió de largo atravesando fronteras, décadas, desplegando su poderío y echando abajo linderos generacionales, hasta que el corazón del ídolo se detuvo un día domingo de agosto de 2016. Y las despedidas se hicieron género, y a la resurrección la antecedió el mito.

II

Y según cuenta la leyenda, Juan Gabriel resucitó al instante de haber muerto, y en legión en ciudades, pueblos, idiomas, familias, el corazón de México todo y en bacanal de símbolos y de identidades confundidas frente a y dentro del pastel del arte, y a medias y a ras del suelo y en el triunfo de la emoción en el rojo, blanco y verde del desastre que también somos.

Juan Gabriel: fue un placer oírte y vivir en tus canciones.

Me hubiera gustado pasar cerca de ti, de tu carne en otro tiempo denostada, y que me mostraras las cicatrices ya vacías de memoria, y el llanto de tu madre, amor eterno encubierto por todos, y hacerte una casa con puras fotografías de ti y que me contaras a que sabía la cárcel y a qué sabía ya no recordar la pobreza ni la injuria.

Juan Gabriel: donde estés, hoy y siempre, te llevamos con nosotros.

Abrázanos aún más fuerte y verás.

Y en tu voz, para siempre jamás, hay un hombre que llora, aunque no sabía de tristezas ni de lágrimas ni nada, hasta que se conoció.

GUILLERMO ARREOLA

Es autor de *Fierros bajo el agua, Traición a domicilio* y *La venganza de los pájaros*. Es también pintor, con más de veinte exposiciones individuales, la más reciente *Sursum Corda*, una retrospectiva en el Museo de la Ciudad de México. Tiene un cortometraje: *¿Has visto la sombra del humo?*

Que seas muy feliz, estés
donde estés, cariño.
No importa que ya no
vuelvas jamás, conmigo.
Deseo mi amor que sepas
también que te amo,
que no te olvidé, que nunca
podré, te extraño.
Que seas muy feliz, que
encuentres amor, mi vida,
que nunca, mi amor, te
digan adiós un día.

«TE SIGO AMANDO»

Alberto Aguilera en 1968, época en la que bajo el nombre artístico de Adán Luna cantaba en bares de Ciudad Juárez y Tijuana buscando una oportunidad. Ese mismo año firmó un contrato con RCA Discos y cambió su nombre a Juan Gabriel.

Juan Gabriel nació en Parácuaro, Michoacán, en 1950. En esta imagen, de 1972, actúa en un programa de televisión cuando ya era un éxito su tema «No tengo dinero», del disco *El alma joven*.

El 18 de marzo de 1979, durante la emisión del programa *Siempre en domingo*, conducido por Raúl Velasco, María Félix aparece en escena para agradecerle a Juan Gabriel que le escribiera la canción «María de todas las Marías», que interpretó *El Divo de Juárez* frente a *La Doña*.

—¿Qué sientes de que Juan Gabriel te haya escrito una composición, después de «María bonita» de Agustín Lara? —preguntó Raúl Velasco a María Félix.

—Es una imagen, se me hace la cintura chiquita, me siento guapa. Con el regalo que me ha hecho Juan Gabriel, como con el de Agustín Lara (siempre me quito el sombrero cuando me acuerdo del maestro Lara), yo digo que he tenido dos regalos extraordinarios —respondió.

Durante un concierto en el centro de espectáculos El Patio, en 1979.

Juan Gabriel en una escena de la película *Es mi vida*, inspirada en el tiempo que pasó en prisión, acusado falsamente por robo. La cinta, rodada hacia 1980 y estrenada en 1982, fue dirigida por González Martínez Ortega. El reparto estuvo integrado por Juan Gabriel, Guillermo Murray, Bruno Rey, Marcela Rubiales, Leonor Llausás, Enriqueta Jiménez, Tito Junco, César Bono, Fernando Balzaretti, Narciso Busquets, Mercedes Carreño y Dacia González.

En 1984, tiempo en el que presentó *Recuerdos II*, que contenía uno de sus *hits* más grandes: «Querida».

Con sus hijos Iván Gabriel, Joan Gabriel, Hans Gabriel y Jean Gabriel en 1986.

Juanga con Sonia Infante e Isabel Pantoja en 1996, durante la grabación del disco *Las tres señoras*.

Con Rocío Durcal en 1997, durante la presentación de su álbum *Juntos otra vez*.

Retrato para su disco *Abrázame muy fuerte*, 2000.

Con Angélica María en 2008, durante el concierto en el Auditorio Nacional de la Ciudad de México con el que *Juanga* celebró 35 años de trayectoria artística con un *show* titulado: «Gracias por cantar mis canciones».

Carlos Monsiváis le entrega un reconocimiento en el Auditorio Nacional en mayo de 2006: una noche en la que *El Divo de Juárez* recibió un homenaje de parte de veinte países de América Latina y el Caribe.

La noche del 18 de septiembre de 2014, *Juanga* actuó en el Nokia Thea-
ter de Los Ángeles.

En abril de 2015, en el Auditorio Nacional, durante su gira «Juntos».

Iván Gabriel Aguilera, acompañado de su esposa, porta la urna con las cenizas de su padre, Alberto Aguilera, en la sala principal del Palacio de Bellas Artes, donde personajes de la política, el medio artístico y miles de fanáticos se reunieron para dar el último adiós al *Divo de Juárez* los días 5 y 6 de septiembre de 2016.

La urna con las cenizas de Juan Gabriel en el Palacio de Bellas Artes.

EL ABANICO

Sabina Berman

Su sola presencia —morena—, sus solos ademanes —femeninos—, su éxito a través de capas sociales y generaciones, sus mil ochocientas canciones —una verdadera discoteca propia—, y sobre todo su don para tocar el órgano más vetado de la especie —el corazón ajeno—, concitan la admiración.

Juanga: El arte es femenino... Bueno, no sé el de otros, el mío, mi arte, es femenino...

Su confianza en sí mismo era absoluta. Si lo vetó Televisa, si lo robó su *manager,* si la disquera le impidió grabar, si lo perseguían las secretarías de Hacienda de México y de Norteamérica, estaba tranquilo.

Juanga: Lo que a mí me da confianza es que siempre cantaré. Eso no lo puedo perder. Aun si es en la regadera, siempre cantaré.

Ruiseñor de la raza, se absorbió la música mexicana como por un popote y en todos sus géneros populares —el bolero, el mariachi, la salsa, el *rock,* lo norteño— para devolverlo a lo popular con su peculiar toque. Un toque suave, femenino, siempre amoroso, que se fue volviendo con las décadas cada vez más sutil, exquisito. Escúchense sus últimos arreglos de sus primeras canciones: una belleza.

Su único tabú fue el odio y sus derivados: el despecho, la maledicencia, el desprecio. Falso que no se le subió la fama a la cabeza. Inolvidable su pleito con Rocío Dúrcal (ah, mi ídola de infancia, Rocío la pelirroja). *Juanga* le espetó en el camerino del Auditorio Nacional a la guapa Rocío: «Mira, para señoras, yo soy la más señora de las dos». Pero igual con el tiempo llegó al acuerdo consigo mismo de nunca maldecir —nunca decir mal de nadie— ni nunca batir el abanico de duquesa demasiado fuerte.

Juanga: Sólo lo positivo, yo no quiero ensuciarme con lo feo.

Conectar. Tocar. Acercarse. Filtrarse por los oídos hasta el corazón ajeno y hacerlo redondo y feliz. Y encima cobrar por ello y sin pena: 120 millones de dólares fueron a dar a sus arcas. Muchos se gastaron en casas. En un hospicio. Otros se dilapidaron en torpes inversiones. O multas por no pagar impuestos. «Es que no sé contar», se disculpaba de su aversión a pagar impuestos, «sólo sé cantar.»

Juanga: Mira, yo canto y canto mientras otros cuentan y cuentan.

Por cierto que tampoco sabía contar su propia historia. Hace medio año se acercaron a mí unos jóvenes productores para pedirme un libreto para la serie sobre su vida. Venía yo de escribir *Gloria* (sobre Gloria Trevi) y vi una segunda oportunidad de contar una épica musical. Pero *Juanga* no quería poner al centro de la narrativa de su vida el conflicto que su mera presencia andrógina creó en el México macho, y era lo que yo quería: una épica sobre la irrupción de la diversidad en el centro del México macho.

Me mandó decir que la idea era tocar su diferencia sexual así como si nada. Como con indiferencia. Como si jamás hubiera habido para nadie problema con que tuviera novios, lo que a mí me pareció no sólo falso sino un pecado, dejar pasar por encima de nuestras cabezas la épica. La épica: el águila más alta del drama.

Confieso que me arrepiento de no haber insistido y haberme ido a otras historias, ahora que *Juanga* ya no está entre nosotros y difícilmente habrá otra oportunidad de contar su vida con esas tensiones que lo volvieron, además del cantor nacional más popular, el más libertador de nuestra cultura.

Juanga: Pero qué necesidad. Para qué tanto problema. No hay como la libertad de ser, de estar, de ir, de amar, de hacer, de hablar... así, sin pena.

¿Ingenuo? Para nada. «Pero qué necesidad», su himno a la libertad, compuesto expresamente para bailarse en grupos grandes, fue ilustrado en su primer *videoclip* con imágenes de Nelson Mandela, el libertador de los negros de Sudáfrica, bailando. Inocente, en cambio, sí. Lo antes dicho: su inocencia, protegida por él mismo de cualquier conflicto, la cultivó amorosamente. Personificaba con auténtico placer el candor y su hermana gemela, la sencillez. Aspiraba a cantar como quien habla y a hablar como quien canta: simple, fácil, claro.

Juanga: Queridaaaaa, no me ha sanado bien la herida, te extraño y lloro todavía. Mira mi soledad, mira mi soledad, que no me sienta nada bien...

Amaba también los juegos musicales del lenguaje llano tanto como e. e. cummings (véase su maravilloso dúo con

Natalia Lafourcade: *Poco a poco a poquito me fui enamo-rando... tanto y tanto, tú bien sabes cuánto, eso y otro tanto...*) y usaba la metáfora con cuidado, con desconfianza, porque la metáfora es el recurso estilístico del pobre de espíritu y rico en pretensión, el pedante que sólo tiene que decir que sabe decir lo que todos saben pero de otra forma.

Juanga: Queridaaaa, hazlo por quien más quieras tú, yo quiero ver de nuevo luz en toda mi casa...

Sus chaquetas de lentejuelas, diseñadas por él mismo, a menudo sobriamente negras, a menudo con diseños dignos de Versace, equivalían a sacar el abanico de su androginia —vuelve la metáfora del abanico de *Juanga*— y menearlo para mostrar, entre otras cosas, de qué delicias estéticas se pierden los machines y las mochas.

En cuanto a la naquez de sus canciones, no lo son. Ni lo serán cuando sean escuchadas al final del siglo. Son arte popular de nuestra cultura mestiza. ¿A qué compararlas con los versos de Octavio Paz o Rosario Castellanos o Fernando Pessoa o Quevedo? Y gracias a la sencillez premeditada de esas canciones, su más notable y más excepcional logro.

Cruzar de una clase social a otra y de una generación a la siguiente: ser un *soundtrack* larguísimo que al escu-charse —a solas o en compañía—, a cada uno nos her-mana con un generoso nosotros: nosotros que disfruta-mos de *Juanga*: la señora de zapatos altos de Santa Fe y la señora de huaraches del caserío a las afueras de Acapulco, el izquierdista recalcitrante y el cura de sotana negra, la egresada del Colmex, el oftalmólogo y la costurera ena-morada de Oaxaca.

Carajo, *Juanga*, te merecías ser eterno.

SABINA BERMAN
(Ciudad de México)

Dramaturga, ensayista, narradora, guionista y directora de cine y teatro. Ganadora del Premio Juan Ruiz de Alarcón, en cuatro ocasiones del Premio Nacional de Dramaturgia y en dos del Premio Nacional de Periodismo, entre sus obras más recientes se encuentran las novelas *La mujer que buceó en el corazón del mundo* (Premio LiBeratur 2012) y *El dios de Darwin*.

Perdona si te causo dolor,
perdona si te digo adiós,
cómo decirle que te amo,
cómo decirle que te amo,
si me ha preguntado.
Yo le dije que no,
yo le dije que no.
Soy honesto con ella y contigo.
A ella la quiero y a ti te he olvidado.
Si tú quieres seremos amigos,
yo te ayudo a olvidar el pasado.
No te aferres, ya no te aferres
a un imposible, ya no te hagas
ni me hagas más daño, no...

«Así fue»

POLVO ENAMORADO

Ernesto Reséndiz Oikión

En estos días me descubro llorando cuando escucho las canciones de Juan Gabriel, a toda hora, sobre todo en las madrugadas, en el minuto exacto de los suicidas. También me sorprendo pensando en uno y en otro galán. El ángel de la muerte se llevó al arcángel Juan Gabriel en el medio día de un final apacible de verano en su residencia de Santa Mónica, California, el domingo 28 de agosto. ¿Qué belleza tendrá Santa Mónica para que las locas de la farándula caigan hechizadas por su paisaje? El actor y cantante José Mojica, que, luego de darle vuelo a la hilacha, decidió recluirse en un monasterio en Lima, era vecino de Santa Mónica; la capilla barroca de su casona tenía una imagen de la Virgencita de Guadalupe, repleta de flores. Así, igualito, tenía su mansión californiana Juan Gabriel, allí estaba disfrutándola cuando su corazón se detuvo, apenas unos días antes había dado un concierto en Los Ángeles. Y todas mis comadres, infartadas en las redes sociales. Me dio el soponcio, de la desolación: ¡Manas, súbanle al volumen y que traigan más tequila! Se nos fue una Grande. Tuvo la vanidad de María Félix de morirse a punto para el horario estelar: ese domingo era el gran final de *Hasta que te conocí,* la serie sobre su vida producida por Televisión Azteca, Telemundo y Disney, y supervisada por el mismo protagonista.

La propiedad de Santa Mónica no es la única ni la más valiosa. Dejó escrituras desperdigadas por todo el país y del otro lado de la frontera: en Parácuaro, su terruño, donde nació en un pesebre el 7 de enero de 1950; en Ciudad Juárez, que lo nombró hijo predilecto y donde se abrirá una casa-museo; en Cancún, donde mandó construir una escuela para huérfanos como él; en Acapulco, donde visitaba el bar gay El Nueve y donde guardaba el más triste recuerdo; en Monterrey, donde hubo una inundación por un huracán de desgracias; en Tijuana, la reina de la línea a la que le dedicó una canción; en San Carlos, Guaymas, Sonora, donde el mar de Cortés le llenaba la mirada; en Toluca, a donde lo fueron a entrevistar Carlos Monsiváis y Elena Poniatowska; en San Miguel de Allende, donde el fisco le embargó el rancho Los Gabrieles; en Santa Fe, Nuevo México, donde puso en venta su finca Ivjohaje; en Las Vegas, donde tenía túneles y pasadizos secretos, el laberinto de su soledad; en Broward, Florida, donde dicen que la familia vivió su luto en privado; en la Ciudad de México, la capital del duelo. Aquí y allá y en todos lados pusieron veladoras, ramos y fotografías del ídolo; altares en cada esquina. Arquitectura efímera de la memoria. Tantas casas chicas y grandes como viudos le van a salir ahora al compositor que registró más de mil ochocientas canciones por derechos de autor. Tantos negocios como imitadores, si de por sí ya eran muchos, le van a florecer ahora a quien no tenía dinero ni nada que dar, y yo, como él, sólo tengo amor para dar. Tantos milagros le van a colgar ahora a mi san Juan Gabriel: el primero se verificó cuando resucitó de las catacumbas de las disqueras la carrera de su amiga Rocío Dúrcal.

Tantos milagros y muchos otros sambenitos le van a endilgar ahora al difunto, como los que se cuentan en *Juan Gabriel y yo*, de Joaquín Muñoz Muñoz, un pasquín que leo con singular morbo en el trayecto del metro. Un don nadie es el biógrafo no autorizado de la vida, obra y milagritos de *El Divo de Juárez*. ¿Cómo conseguí esta joya en bruto de la chismografía? La única vez que rompí el pacto de fidelidad con mi novio fui a coger con un muchacho que me encanta. Sobre mi putería, mi ex me la puede cantar bien clarito: «*Te pareces tanto a mí / que no puedes engañarme*». Cuando terminó el agarrón entre el guapísimo y yola, le pregunté curiosa qué estaba leyendo, me mostró el librito que en la portada tiene una orquídea *kitsch* y un micrófono, y me dijo que vendían otro ejemplar en una librería de viejo cercana; cuando me despedí del ligue, me pasé a la acera de enfrente y fui a comprarlo. *Juan Gabriel y yo*, publicado en 1985 en la imprenta Praxis, es un fabuloso libelo de rumores, mentiras, insidias y anécdotas homoeróticas atribuidas a *Juanga*, ilustrados con unas fotografías malísimas, impresas en un papel de pésima calidad, donde se ve al artista, o a una persona muy parecida a él, besando, abrazando y cachondéandose a otros jóvenes hermosos. ¿Y tú y yo qué somos? Lo que se ve no se pregunta. El amor dice su nombre con los nombres de otros hombres: Chucho, Rogelio, Pablito y Guillermo. En Caracas, Madrid y

San Francisco, la vida era una fiesta loca que Alberto Aguilera, antes Adán Luna y luego *Juanga,* musicalizaba con la pasión de los románticos sin redención. De la imprenta del lavadero han salido otros títulos que documentan con imaginación cada una de las estaciones del mito: *Querido Alberto,* de Eduardo Magallanes, publicada en 1995, ostenta ser la biografía oficial.

La prensa rosa y amarilla se ocupaba de *El Divo* un día sí y el otro también, y Carlos Monsiváis y José Joaquín Blanco hicieron crónicas sin desperdicio donde expresaron la fibra y el tuétano con los que estaban hechas sus letras, atravesaron el músculo latiendo con el que hacía catarsis el alma. Y se va a seguir escribiendo más sobre el genio y su figura luego de la sepultura; se insistirá que los contoneos de caderas y manicaídas de Juan Gabriel eran su desafío a los muchos machos mochos que se permitían chillar a moco suelto en los palenques, en las cantinas y en los puteros; se confirmará que desde 1971, cuando grabó su primer disco, fue la institutriz de la educación sentimental de varias generaciones; se repetirá que su mayor lección fue la libertad de ser, de estar, de ir, de amar, de hacer, de hablar, de andar, así, sin penas; se reconocerá que el movimiento de liberación homosexual mexicano que floreció en la década de los setenta tiene como *soundtrack* sus éxitos, en especial «El Noa Noa», canción inspirada en el legendario congal de Ciudad Juárez donde inició su carrera meteórica hacia la inmortalidad. Aquel tugurio ya no existe, ahora es un estacionamiento árido; de aquel lugar de ambiente, donde todo era diferente, sólo nos queda la magia de la evocación.

Y se recordará más cuando seamos alimento de gusanos, entonces sabremos que tuvimos poesía, querencias y sueños, y ahora sólo tenemos el despojo del eco; y, a pesar de ello, refundidos en la tumba de nuestros sentimientos, cantaremos borrachos de besos y lágrimas, como ocurrió en Garibaldi, donde un muchacho se trepó a la estatua mal hecha de *El Divo,* más panzona, más deforme, más amanerada, y en un arrebato de puro deseo le plantó un beso a Juan Gabriel, convertido así en estatua de sal.

Como pasó a lo grande en Bellas Artes, donde triunfó sonoramente en tres ocasiones: 1990, 1997 y 2013, la victoria por aclamación de la jotería. El Palacio donde toda la semana, día y noche, fueron a cantar, a rezar, a plañirle los que no tenían nada que hacer y los que no tenían dinero ni nada que dar. Fue allí donde se consumó la fiesta enloquecida: los funerales apoteósicos de un pueblo que le rindió el último adiós y le refrendó su amor eterno e inolvidable. La entrega fue absoluta, en comunión de adoración más de setecientas mil personas, según las cifras de la leyenda, corearon, susurraron, tararearon, gritaron a todo pulmón sus canciones, con devoción idolátrica. La monumental peda de un país dispuesto a irse al carajo del desamparo de las emociones.

A Juan Gabriel le sobreviven cuatro hijos y nietos. A Juan Gabriel le sobrevive una nación que repudiaba la jotería, pero fue seducida por ella. Los restos mortales de *Juanga* fueron cremados, polvo serán, mas polvo enamorado. Propongo, humildemente, que sus cenizas sean convertidas en un diamante de mil quilates que compita con el brillo de las estrellas: eclipse fulgurante en la noche diamantina.

ERNESTO RESÉNDIZ OIKIÓN
(Zamora, Michoacán, 1988)

Estudió Lengua y Literatura Hispánicas en la UNAM. Co-coordina el Seminario de Literatura Lésbica Gay en la Facultad de Filosofía y Letras. En *La memoria y el deseo. Estudios gay y* queer *en México* (UNAM, 2014) puede leerse uno de sus trabajos.

Ya verás cuando me vaya
el frío que vas a sentir,
ay, ay, ay,
nunca creí que canalla
tú me salieras,
pero sí.
Ya verás cuando me busques.
Ay, jamás tú me vas a encontrar,
ay, ay, ay, haz lo que
quieras y gustes,
que mañana llorarás.

«La herencia»

EN EL LUGAR DE SIEMPRE
María Rivera

Aquí estoy en esta cantina, *Juanga*. Aquí estamos todos, llorándote, en esta cantina que esta noche se llama México, aquí donde bailamos, sudamos, sollozamos, nos abrazamos, nos juramos amor eterno, nos traicionamos; aquí estamos todos, *Juanga*, míranos cantando junto a tu estatua, aquí en Garibaldi, en el Tenampa, aquí frente a tu casa, en Ciudad Juárez; detuvimos el auto y pusimos tus canciones, nos pusimos a bailar, a cantarte, aquí junto a los mariachis, arremolinados, pegaditos, unos contra otros, para ver si se mueve un pelo de tu estatua, para ver si es cierto lo que nos dijeron en la radio, vimos en Twitter, lo que están pasando en la tele; venimos a cantarte para que el concierto siga, no se apague, queremos la última, te chiflamos, te aplaudimos, te gritamos «otra, otra, otra», por eso venimos, *Juanga*, a bailar en la calle, salimos de nuestras casas a aplaudirte de pie con nuestras lágrimas, a corearte desde tramoya y los palcos, desde el palenque y el Zócalo, porque queremos abrazar el coro de fantasmas que canta en nuestra memoria, los que amamos y se fueron cantándote en una noche encendida. Eso venimos buscando, que nos abras mágicamente las puertas, nos entregues el concierto de nuestra vida que se agota, del país que se nos muere. Venimos a esperar que aparezcas en el escenario con tu traje morado, con tu traje azul, con tus lentejuelas, caminando agradecido, amanerado, subversivo, tú que viniste a atravesar las clases sociales como atravesabas el escenario, contoneando la victoria festiva de los orillados, los borrachos, los sentimentales, esos que llaman pueblo, gente, como nos llamamos. Sabemos que es domingo pero estamos aquí, nosotros también, los que fuimos al paso de las décadas: escúchanos cantando a voz en cuello, somos los valemadristas, los felices que nos quedamos en otros años bailando en un antro de la frontera, los noa noa, los noctívagos, los que recorrimos el país, estamos alegres por ti, escúchanos: somos frontera, somos la herida de México; la noche de los ochenta, la noche del cabaret y El Patio; somos la noche de los noventa en discotecas, la noche de las medias negras y los labios rojos que se entregan, somos el escándalo cuando nos cachondeaste, bajito, con tus lentejuelas como soles, te burlaste en Bellas Artes, todo esplendor y casi vuelo, cuando te nos repegaste, nos susurraste al oído, despacito, «Soy el alma de México, mis amores». Somos los solos, los que lloramos viéndote, los que nos hincamos ante ti como ante un sol desesperado, los que nos fuimos a beber amargos, cogimos, nos venimos, nos vengamos, somos los machos, somos las locas, somos las mujeres, somos las amas de casa que cocinábamos bailando, somos los años dosmiles, cuando brillabas en el centro de nuestra fiesta, actuabas nuestras emociones, encarnabas nuestras penas, las cantabas como ruiseñor en la madrugada o como cuerda herida desde la rocola de una cantina desierta; somos la cantina nacional que está cerrando sus puertas, levantando a los borrachos, diciéndonos que se acabó la fiesta, que despertaremos en el horror nuevamente en un país desangrado; somos esos también: los vivos a los que se les calienta el cuerpo, queremos vivir, pese a todo, *Juanga*, cuando conviertes la tragedia en fiesta. Somos orgullo y mariachi encendido en nuestra penumbra espectral, llanto desbordado por los que amamos y no olvidamos, los enamorados que cantamos «*yo te quiero tal y cual sin condiciones*», los despellejados, los que nos abrimos el corazón, entramos sudorosos en la noche del cuerpo, adoloridos, verdaderos, somos los iletrados, los nacos, las vestidas, las borrachas, las madres, las secretarias, los oficinistas, los que no tenemos dinero ni nada que dar, pero tenemos amor para darte, Juan Gabriel, en esta larga noche. Escúchanos, sal a despedirte. Estamos esperando. Somos el recuerdo de un país que se murió contigo, que se agotó como una lámpara de aceite y que hoy cierra sus puertas. Venimos, salimos a la calle, a ver pasar tus restos, te aplaudimos desde Eje Central, agitamos nuestros pañuelos, te cantamos, te gritamos, te lloramos amor eterno cuando llegaste a tu casa aquí en Juaritos, llevamos tres días enrabiados, entristados, en la radio, en Bellas Artes, venimos para creer que te nos fuiste, que es verdad que ya nunca volverás, somos los insomnes de la Alameda, los que estamos esperando entrar, trajimos nuestras tortas, nuestros pósters, nuestros niños, míranos, venimos desde Veracruz, Michoacán, el Estado de

México a dormir en la calle, bajo la lluvia, escúchanos, estamos aquí, venimos a darte las gracias, aplaudirte de pie, decirte adiós, adiós, mientras nos abrazamos y cantamos en coro disparejo «*abrázame muy fuerte, amor, mantenme así a tu lado, siempre abrázame...*». Sí, somos el coro de los arrebatados, estamos bailando, estamos chillando, estamos a punto de irnos, como tú, a cantar a otro lugar, a escupir a otro sitio esta alegría y este despecho porque sí, y cuando vuelva a caer la noche, las noches que vendrán, tú seguirás allí, brillando, cantando, acompañándolos, a los que ya vienen con sus desplantes, sus derrotas, sus amores imposibles. Nosotros nos vamos contigo, nos tomamos un tequila, nos ponemos a bailar junto a tu estatua que llenamos de flores todos juntos, desconocidos y hermanados por una victoria tuya, *Juanga,* que nos regalaste y nos tiene cantando: somos los que estamos orgullosos de lo que somos. Hasta siempre, querido.

MARÍA RIVERA
(Ciudad de México, 1971)

Poeta y ensayista, es autora de los libros de poesía *Traslación de dominio* (Tierra Adentro, 2000 y 2004), Premio Nacional de Poesía Joven Elías Nandino 2000, y *Hay batallas* (Joaquín Mortiz, 2005), Premio Nacional de Poesía Aguascalientes 2005. Ha sido becaria del Centro Mexicano de Escritores y del Sistema Nacional de Creadores.

Háblame de ti,
cuéntame de tu vida.
Sabes tú muy bien
que yo estoy convencido.
De que tú no puedes,
aunque intentes, olvidarme,
siempre volverás una y otra vez,
una y otra vez, siempre volverás.

«Costumbres»

QUERIDA EN EL CORAZÓN DE MÉXICO

Antonio Bertrán

México aflojó el cuerpo y aprendió a jotear con Juan Gabriel. Chaqueta cuajada de canutillos, el prendedor al cuello que, atrevido, suplanta la fálica corbata; de pasito quebrado y melena que se mueve loca, una voz que cimbra el Palacio de Bellas Artes y cualquier palenque pero, al mismo tiempo, tiene un timbre afectado, el artista no necesitaba frasear más su ser *rarito* porque «lo que se ve no se pregunta».

Además, en el reino del mariachi, el «divo» es eufemismo de ser gay.

Están de más las fotografías que lo exhiben, gozador, en los brazos de efebos que ilustran *Juan Gabriel y yo,* publicado en 1985 por quien se dijo su amigo, confidente y «secretario», Joaquín Muñoz Muñoz, alias *Yaki:* un librito mal impreso en los talleres de Praxis y peor escrito por su autor, que con la muerte del ídolo se convertirá en una joyita de la más barata bisutería de la chismografía del corazón, tan prescindible como este párrafo.

Durante más de cuatro décadas, Alberto Aguilera Valadez empeñó su talento y encanto para tocar almas al poner sentimientos universales en palabras sencillas y letras pegajosas, sí, pero sobre todo para materializar, en sus conciertos por el vasto territorio del supermachismo, la máxima fantasía del homosexual: seducir, precisamente, al macho más recalcitrante.

Cuando alcanzaba la apoteosis de algún *show,* con esa misma cadencia ascendente de sus canciones, el intérprete, que ya había transformado en veneración el morbo con que lo escrutaban sus iguales, soltaba, como un desafío —uno más allá del sombrero de charro en versión floripondio—: «¿Quién se quiere casar conmigo?».

Y los eufóricos «yo» masculinos opacaban los de novias, esposas, amantes y hasta madres que asumían como lógico ver a sus hombres rendidos ante esos pequeños pies calzados con botines de taconcito afeminado. *Juanga* era, sobre todo, el ídolo de las joteras.

Hasta el macho por antonomasia, el charro Vicente Fernández, que alguna vez había declarado que el cantautor no le «caía bien» —y que era correspondido—, finalmente sucumbió tras su muerte para decir, al menos de cara al pajarito de las redes sociales: «Cuánto me pesa la partida de Juan Gabriel, un gran artista y un excelente ser humano».

En las reuniones de ese baluarte para México que nos acabamos de enterar es la familia «natural», después de los tres tequilas que según el chiste diferencian al heterosexual del maricón, ¿qué semental herido no ha bajado la guardia del estereotipo viril para cantarle a su «*Querida, ven a mí que estoy sufriendo*» con toda su alma?

También es muy probable que en uno de sus faustos cumpleaños, cambiado el cáliz por el vaso jaibolero y el vino de consagrar transustanciado en el mejor whisky, hasta el homófobo Onésimo Cepeda haya aflojado el cuerpo para lograr empatía con el verdadero sentir de su grey y cantar: «*¿Para qué, para qué, para qué, para qué llorar?... Si solamente una vez se vive*».

Marginal en el centro de los más grandes escenarios del mundo, *Juanga* se permitió con soltura ese descaro juguetón, muy a lo Salvador Novo, que asombró a otro de su estirpe, el mismísimo Carlos Monsiváis, cuando, durante un concierto en el Auditorio Nacional, cayó una luz de la tramoya y con la mano en el pecho exclamó: «¡Ay, no me hagan esto que se me espanta la leche!».

Maestro del *timing* y del sentimiento más esencial que es capaz de romper la artificial frontera de los géneros, Juan Gabriel también dominó el *perreo*, esa esgrima verbal de nosotros los jotos que, víctimas de acoso escolar, policiaco y religioso, hemos tenido que desplegar para defendernos con inteligencia y gracia. Así, el grito de «¡puto!» que algún «valiente» soltaba amparado por la masa en un concierto, era cogido con donaire por el hombre de labios pulposos y ojos delineados para transformarlo de insulto en el *cue* de «Te pareces tanto a mí»; el mismo agresor no podía dejar de festejar el revire y tres canciones después, sordo a las más eruditas advertencias de la sexología arzobispal, descubrir que había sido penetrado hasta el fondo, igual que todos los demás, con tal arte y sutileza que no le quedaba más que moverse y gozar al rito de «*Vamos al Noa Noa, Noa Noa, Noa vamos a bailar*».

Hombres y mujeres de diversas generaciones, sin importar su preferencia sexual, han terminado bailando en ese mítico, casi utópico «*lugar de ambiente, donde todo es diferente*»: una alusión al mundo de los *lilos* porque, en el argot maricón de los ochenta, se preguntaba «¿es de ambiente?» para enterarse de si alguien era también «del otro bando».

Los imitadores de *El Divo de Juárez* señorean no sólo en los *shows* travestis de los antros gays, sino incluso en los festejos de grupos de la tercera edad y los pináculos del machismo: los *table dance.*

✳   ✳   ✳

¿Juan Gabriel como activista sin necesidad de haber ido a una marcha o hacer declaraciones cual líder de opinión a favor de la diversidad sexual?

El antropólogo Xabier Lizarraga, uno de los iniciadores del movimiento de liberación LGBT en México, matiza en su Facebook: «Hay que distinguir "movimiento" de "activismo" y de "militancia". *Juanga,* más que activismo fortaleció el movimiento de visibilidad, con repercusiones más sociales pero menos políticas; a nosotros corresponde hacerlo sexopolítico».

En esa visibilidad de gran penetración mediática que lo llevó a ser *trending topic* mundial en los últimos días, se puede considerar como una de sus grandes aportaciones haber puesto sentimentalmente a multitudes en los zapatos de un chico «*soñador*» que, a los dieciséis años, empieza a ver a sus amigos «*muy sonrientes y felices*» porque todos van encontrando el amor. Pero él no, y saberse diferente le provoca una soledad cada vez más «*triste y oscura*» porque no puede decir y hallar lo que ama; entonces, esa voz dulce que canta estalla en un desgarrador «*¡Yo no nací para amar, nadie nació para mí!*»: se trata del arquetípico joven homosexual atormentado por la culpa judeocristiana, que lo lacera y le hace creer que es un ser *contra natura,* una desviación abominable, despojado del derecho a casarse, formar una familia diversa y, en última instancia, a la felicidad. Cualquier parecido con la realidad actual es mero atentado al Estado laico.

En el otro extremo de su cancionero, en la más pura expresión del ser gay, que en su original acepción inglesa es «alegre», está «Debo hacerlo», un verdadero himno a la liberación, el hasta aquí de «*esta horrible soledad*», «*porque es que más no puedo, no es bueno, no debo, ¡ay!, no quiero*».

Y, sobre todo, «*tengo el derecho de vivir*», para lo cual «*necesito un buen amor urgentemente*» porque la soledad deja «*toda el alma enferma*».

Un clamor fundamentado en un principio irrefutable, esgrimido con rítmica llaneza: «*Si en el mundo hay tanta gente diferente, una de esa tanta gente me amará*». Y una sola condición ética —no moral— del compositor popular que parafrasea a San Agustín, uno de los padres de la misma Iglesia que margina: «*Debo hacerlo todo con amor*».

Girando en un pie, la mano izquierda en jarras mientras hace soleares con la izquierda —¿cacha granizo?—, al centro del escenario *El Divo* grita, pide al público un gritito y otro, está feliz a pesar de ese ser solitario que, dicen, siempre fue desde niño.

Ha invitado con este himno al público que lo arropa como nunca a «*cantar, bailar y vivir*» y durante 11 minutos y

39 segundos, todo el teatro de Bellas Artes, incluida la primera dama Cecilia Occelli, se contonea a imagen y semejanza del artista y su ritmo de «fiesta mexicana».

Esa gala ya mítica de 1990 no sólo marcó la entrada de la canción popular al máximo palacio de la cultura, sino también, en la hoy ciudad *gay friendly* y con «*la misma gente*» de la élite —la más discriminadora—, de la alta jotería.

Al abrirse otra vez las puertas del palacio de mármol para Juan Gabriel no habría necesidad de colocarle una bandera arcoíris, como hizo el flautista Horacio Franco con Carlos Monsiváis; equivaldría a no haberlo visto y tener que preguntar.

EL AMADO MARIPOSÓN

Una mujer dobla la rodilla para depositar con veneración una rosa; otra reacomoda la imagen de Juan Gabriel a los pies de un Cristo coronado de azucenas. Un hombre se inclina, toca uno de los varios carteles de *El Divo de Juárez* que, entre flores y veladoras, conforman el altar a ras del suelo, y luego se santigua.

Presencié estas conmovedoras escenas el sábado 3 de septiembre al mediodía en la explanada del Palacio de Bellas Artes. La fotografía del ídolo que reacomodó una de sus *fans* tenía impresa esa frase que, creo, es su gran legado: «Felicidades a todas las personas que están orgullosas de ser lo que son».

Junto a ella, me encantó ver otra estampa de *Juanga*, muy significativa porque había sido decorada por una amorosa mano con mariposas de colores: «¡El amado mariposón!», pensé.

De pronto llegó al altar Luis Valdés Martínez, *La Voz Gemela de Juan Gabriel*. Dueño de la situación, el comerciante de la colonia Guerrero empezó a encender las veladoras; luego se arrancó con «Amor eterno» y sus *séntidos* ademanes daban a entender que su corazón estaba unido al del artista desaparecido.

Luis me aseguró que *Juanga* le gustó desde que conoció sus canciones, «¡Y lo sigo amando!».

—¿No le importa que haya sido gay? —le pregunté.

—No. Lo acepto como haya decidido ser, porque no tenemos que juzgar a nadie —me respondió antes de seguir con «El Noa Noa» y ser aplaudido por varios *fans* al imitar los requiebros de *El Divo*.

Si hemos de aceptar el lugar común, de ilusorio consuelo ante la pérdida, por el que la estrella vive, *querida,* en el corazón de los mexicanos, que sea para que ese idolatrado jotito que murió por causas cardiacas siga moviendo los sentimientos y nuestra sociedad sea, finalmente, más incluyente y respetuosa con las personas, sin etiquetas, como él mismo decidió presentarse públicamente sin dejar de ser honesto. En lugar de repetir ese otro macabro lugar común de que los «grandes» no se van solos, mejor digamos que no deben irse en vano: que su vida y legado sigan siendo un faro para la reflexión del presente y el progreso social.

Ante el volcán conservador que despertaron las iniciativas del presidente Peña Nieto en favor del matrimonio civil igualitario y la adopción homoparental —que paradójicamente están congeladas por su partido en la Cámara de Diputados—, pensemos que Juan Gabriel fue el padre de cuatro hijos (uno por inseminación artificial y tres adoptados). Como miles de familias mexicanas, la suya de origen y la que formó están muy lejos de ser la «natural» contra la que las iglesias y sus huestes retrógradas dicen que tales iniciativas «atentan», sin explicar cómo; cuando el verdadero atentado, al no conceder la opción de formalizar su amor a todo ciudadano sin discriminarlo, es hacia el derecho a la felicidad de los individuos que por principio debe garantizar un Estado laico.

Juanga, el icono, el que plasmó como nadie el alma nacional, lo argumenta mejor: «*Pero qué necesidad, para qué tanto problema, no hay como la libertad de ser, de estar, de ir, de amar, de hacer, de hablar, de andar así, sin penas*».

ANTONIO BERTRÁN

Periodista cultural, autor de la columna «Nosotros los jotos» en el periódico *Metro* y del libro *Chulos y coquetones. Conversaciones con protagonistas del mundo gay* (Ediciones B, 2015).

Cómo quisiera detener
el tiempo y no envejecer más.
Yo no quisiera envejecer,
muy joven siempre quiero estar,
y lo que tenga yo que hacer
lo voy a hacer, muy claro está,
porque me tengo que quedar
sin vida.

«ERRADO»

LA LEYENDA

Sanjuana Martínez

«Juan Gabriel está vivo, la urna no tenía sus cenizas, los hijos del cantante no son claros sobre el motivo de su muerte, fue incinerado sin autorización, su hijo no pudo ver el cuerpo, su representante no lloró. Juan Gabriel fingió su muerte para no pagar impuestos. Juan Gabriel urdió un plan con el PRI para desviar la atención con su falsa muerte y apoyar a Enrique Peña Nieto. Ven a Juan Gabriel en Malasia. Juan Gabriel era extraterrestre, habitaba otro planeta y después fue enviado a la Tierra...»

Ay, Alberto Aguilera, si supieras todas las conspiraciones que han surgido desde que te fuiste. Déjame contarte que armaste un revuelo de varios días, semanas, meses. La gente lloraba por ti en la calle. Cientos, miles, salieron a expresarte su amor en Ciudad Juárez, en Parácuaro, Michoacán, el pueblo que te vio nacer; en la Ciudad de México...

De la incredulidad pasaron al dolor. ¡Fue tan repentino, Alberto...! Te fuiste de sorpresa. Ese domingo, el 28 de agosto de 2016 a mediodía, las redes sociales empezaron a dar a conocer la noticia: «Juan Gabriel murió en Santa

Mónica, California, a los 66 años de edad, debido a un infarto». Tu familia publicó un comunicado: «Juan Gabriel fue un gigante dentro de la industria musical, donde fue y será popular». Tu querido hijo Iván, con profundo dolor escribió: «La muerte de mi padre es una trágica pérdida para todos, su familia, colegas y *fans*. Damos las gracias de corazón por la gran cantidad de condolencias que hemos recibido desde distintas partes del mundo, incluido el presidente Enrique Peña Nieto. Sabemos que nuestro padre extrañará entretener a sus incontables *fans*, que le trajeron una inmensa felicidad en vida».

Alberto, a las pocas horas te incineraron. Se llevaron tus restos a una funeraria junto al aeropuerto de Los Ángeles.

Te podrás imaginar que la primera polémica surgió a las pocas horas de que te fuiste, precisamente porque te incineraron. Tu hijo Alberto Aguilera *Jr.*, el único que no tuviste con tu amiga Laura Salas, sembró la primera duda diciendo a los medios de comunicación que tal vez no habías sido cremado y criticó que no le permitieran verte ni despedirse de ti. Tú ya sabes que Alberto estaba distanciado, pero llorando dijo: «Yo le pido a mis hermanos que me digan dónde está mi papá, quiero estar con ellos, quiero despedirlo».

Tus otros hijos estuvieron unidos y difundieron entonces otro comunicado, diciendo que fuiste incinerado porque tú lo habías pedido así. También pidieron respeto, se querían despedir de ti en la intimidad en Ciudad Juárez, Chihuahua, sólo familia y amigos, el 3 de septiembre: «Como lo hemos expresado anteriormente, estamos viviendo un momento extremadamente difícil y doloroso. Queremos reiterarles que apreciamos mucho su cariño, su apoyo y su paciencia, mientras vivimos el luto de la inesperada muerte de nuestro querido padre».

Luego anunciaron un gran homenaje en tu honor en ese lugar que tanto te gustaba: el Palacio de Bellas Artes. Ese recinto te marcó de por vida. ¿Cuántas veces quisiste cantar allí en los inicios de tu carrera y no te dejaron bajo el argumento que sólo podían ser admitidos actos culturales...? Pero al final lo lograste. Cantaste todas las veces que quisiste en el sacrosanto recinto de los intelectuales y artistas de México, pero nunca imaginaste que aquel día quedaría grabado en tu corazón lo que allí te ocurrió. ¿Recuerdas cuando viste a tu madre entre el público mientras cantabas? Te quedaste helado. Dejaste de cantar. El silencio congeló aquellos eternos minutos. ¡Era tu madre! La mujer que te abandonó en un orfanato a los cinco años de edad, a la que le guardaste rencor y después perdonaste con entereza y amor.

—Era demasiada soledad y falta de amor, cariño y guía, lo que yo había vivido allí. Lo primero que hice fue perdonar a mi mamá a una edad muy bonita, mi adolescencia.

Comprendiste que Victoria Valadez en realidad fue una víctima de las circunstancias. Viuda y con diez hijos, era muy difícil sacarlos adelante a todos. Al ser el más pequeño, tu madre decidió dejarte en aquel lugar donde sufriste todo tipo de humillaciones, la tristemente célebre Escuela de Mejoramiento Social para Menores «Casa del Refugio». En ese momento eras muy pequeño para comprender que tu padre, Gabriel Aguilera, quemaba un pastizal para luego sembrar maíz, pero se extendió el fuego, algo que le provocó un *shock* nervioso para luego ser internado en el hospital psiquiátrico La Castañeda. ¿Qué podía hacer tu madre? Salió del pueblo rumbo a Apatzingán, luego Morelia y finalmente Ciudad Juárez. Así llegaste a tu terruño querido. Los primeros dos años te cuidó tu tía Virginia mientras tu madre trabajaba, luego llegaste al orfanato de tus pesadillas.

—Mi mamá no podía conmigo, pienso que por eso me llevó al internado. Antes que ser madre era mujer y eran sus mejores años —dijiste muchos años después.

Tu madre era trabajadora doméstica en una casa en la calle Lerdo y a veces te llevaba allí, pero eras muy travieso y la patrona argumentaba que con tu carácter inquieto no podías quedarte. Tus esperanzas de que no te regresaran a ese lugar se desvanecían. El encierro era asfixiante, terrible. Del internado te escapaste muchas veces. Esos días de libertad, te ponías a trabajar de lo que fuera para sacar un poco de dinero y sobrevivir en la calle donde dormías. Lavaste platos, coches, cargabas bolsas de mandado a las señoras... En fin, hiciste de todo. Pero siempre te pillaban otra vez y te regresaban al internado. De aquellos años oscuros de sufrimiento mejor ni nos acordamos, ¿verdad...? Finalmente, fue allí donde encontraste tu verdadera vocación. ¿Quién te lo iba a decir? Tu maestro, Juan Contreras, te enseñó a tocar la guitarra. A él le contabas tus tristezas, lo mucho que extrañabas a tu madre que no siempre podía ir a verte. También allí conociste a la entrañable directora Micaela Alvarado, quien fue tu tutora, tu madre. Durante ocho años viviste la soledad, el síndrome del abandono, la tristeza, la miseria. Hasta que te escapaste a los trece años.

—Ya no aguanté. La libertad es un deber, por eso me salí —dijiste.

Y te fuiste a vivir con el maestro Juan. Allí estuviste un año, vendiendo artesanías de madera. Luego te fuiste con tu madre y tu hermana Virginia: les ayudabas en el negocio de burritos de tortilla de harina, deliciosos. ¿Recuerdas lo mucho que te gustaban? En ese entonces escribiste la primera de tus mil ochocientas canciones: «La muerte del palomo». Era el principio de tu destino manifiesto. En honor a tu maestro y a tu padre fue que elegiste, tiempo después, tu nombre artístico: Juan Gabriel, aunque tu primera identidad artística fue Adán Luna, nombre con el cual viajaste por varias ciudades para probar suerte. En Tijuana conociste a José Alfredo Jiménez y volviste a Juárez, donde pediste una oportunidad a David Bencuomo para trabajar en el famoso bar Noa Noa con Los Prisioneros del Ritmo. Luego viajaste al Distrito Federal, donde conseguiste trabajo para cantar coros a artistas como Angélica María, Leo Dan y Roberto Jordán. En esa ciudad conociste uno de los peores episodios de tu vida: la cárcel. Te acusaron falsamente de robo y estuviste dieciocho meses en Lecumberri. La cantante Enriqueta Jiménez, *La Prieta Linda,* te ayudó a salir.

Fue hasta el 4 de agosto de 1971 cuando iniciaste la primera etapa de tu carrera y cambiaste tu nombre a Juan Gabriel. Tu primer disco, *El alma joven,* incluyó diez de tus canciones. Para sorpresa de todos, «No tengo dinero» se convirtió en un éxito, con dos millones de copias, y allí despega tu carrera. Luego siguieron tus discos con baladas como «Me he quedado solo», «No se ha dado cuenta», «Será mañana». Cuatro años después ya estabas cantando acompañado por el Mariachi Vargas de Tecalitlán. Los setenta fueron espectaculares para ti: en esa década grabaste grandes éxitos en rancheras y baladas como «Siempre en mi mente», «El Noa Noa», «Inocente pobre amigo», «La diferencia», «Buenos días, señor sol»..., canciones que poco a poco se convirtieron en emblemáticas. Con tu generosidad, planeaste el regreso de Rocío Dúrcal con aquel disco, *Rocío Dúrcal canta a Juan Gabriel.* Le preparaste canciones de distinto género y triunfaron con «Amor eterno», convertido en un clásico popular; lo mismo pasó con tu amiga Lucha Villa, quien triunfó con «La diferencia», «No discutamos» y «Juro que nunca volveré». Todos querían cantar tus canciones: Raphael, Pedro Vargas, Lola Beltrán, Cornelio Reyna, Lupita D'Alessio, Amalia Mendoza, María Victoria...

Para la década de los ochenta ya eras muy famoso. Grabaste cinco películas y te convertiste en un prodigio de música y éxitos, récord de ventas con obras magistrales como «Hasta que te conocí» o «Querida». Así llegaste al extranjero: Estados Unidos, Europa, incluso Asia. Fuiste un fenómeno mundial. Se te empezó a llamar *El Divo de Juárez.* Así llegaste al Palacio de Bellas Artes por primera vez, con la Orquesta Sinfónica Nacional; sus puertas se abrieron por primera vez también para un cantante popular. El evento fue histórico: asistió el presidente Carlos Salinas de Gortari y publicó una crónica tu amigo Carlos Monsiváis, el escritor que te dedicó aquel texto en su libro *Escenas de pudor y liviandad:*

> En 1971, el debut profesional: Juan Gabriel es tímido y protegible, es vulnerable y expresivo, y sus primeras composiciones celebran a una juventud alegre,

intrascendente y levemente anacrónica, cuya limitación esencial es cortesía de la realidad.

> No tengo dinero, ni nada que dar.
> Lo único que tengo es amor para amar.
> Si así tú me quieres, te puedo querer
> pero si no puedes, ni modo, qué hacer.

De inmediato las quinceañeras lo adoptan y lo adoran, si el verbo *adorar* describe de manera adecuada la compra de discos, *no se ha dado cuenta que me gusta, no se ha dado cuenta que la amo,* los canturreos que ocupan semanas enteras, los telefonazos a las estaciones de radio, los suspiros ante la sola mención del nombre, la formación de clubes de *fans*... Y la lucha moral contra la intolerancia de padres y madres y novios: ¿Pero cómo puede gustarte ese tipo...? Muy mis gustos...

Juan Gabriel analizado por los intelectuales. Un cantante femenino, distinguido por su arte, no por su preferencia sexual, pero también objeto de críticas homofóbicas. Tal vez por eso el escritor lo comparó con Salvador Novo: «A los dos, una sociedad los eligió para encumbrarlos a través del linchamiento verbal y la admiración. Las víctimas consagradas. Los marginados en el centro». Tu biógrafo, Eduardo Magallanes, te lo preguntó abiertamente, pero le contestaste de manera rápida para cerrar el tema de las preferencias sexuales:

—Con esto nunca vamos a acabar y nadie se va a poner de acuerdo porque las leyendas las inventan los públicos, a final de cuentas dicen que soy un fenómeno, ¿eso qué es?

También Elena Poniatowska escribió sobre ti. Te entrevistó junto a Monsiváis y te preguntó sobre tu infancia y tu estancia en aquel internado: fue una entrevista que quedó para la historia.

—Yo siempre he dicho que a los hijos no se les debe internar, que lo primero que se les debe dar es amor, amor, porque con amor crecen muy bonitos, y si a esto se le agrega una alimentación sana, muchísimo más todavía... La señora Micaela, que todavía vive, era como la directora, y nunca fue creyente. No nos dieron doctrina ni nada de eso. Entonces yo aprendí a creer en mí, más que nada, más que creer, por ejemplo, en Jehová, en Jesús, en Buda o en Zaratustra.

Tu éxito era imparable. Los medios nacionales y extranjeros te seguían; reseñaron tus 35 discos. Fuiste un portento de artista. La revista *Billboard* te definió como «*The Latin Legend*». Llegaron los premios a la excelencia musical. El mundo artístico se rindió ante ti: no había un solo cantante famoso que no quisiera cantar contigo en discos colectivos o interpretar tus canciones.

En el aspecto político, mi querido Alberto, te definiste muy pronto. Fuiste militante público del Partido Revolucionario Institucional (PRI) y Salinas de Gortari fue tu amigo, incluso Ernesto Zedillo. Te atreviste a apoyar en su campaña a Francisco Labastida con una canción: «Ni *Temo*, ni *Chente*, Francisco va a ser presidente». Ahora dicen que dejaste una carta dirigida al presidente Enrique Peña Nieto, donde le decías que tú y el PRI nunca se iban a ir de México.

Y de nuevo estás aquí, en Bellas Artes. Hay una urna con tus cenizas. En el mismo lugar donde aquella noche viste a tu madre mientras cantabas: te quedaste mudo porque ya estaba muerta. Se te apareció; temblaste de emoción, o de espanto. Esa madre que tanto extrañaste, que te abandonó y tú perdonaste. Esa madre que necesitaste en las horas más negras de tu infancia. La madre que después rescataste sin rencores, con amor. Victoria Valadez ahora viene hacia ti para abrazarte y recibirte en este recinto sacrosanto de la cultura mexicana. Tu hijo Iván coloca la urna con tus cenizas. Hay una guardia de honor oficial, pero allí están también tus amigos y el Mariachi Gama 1000 canta «Amor eterno» en el vestíbulo para despedirte como un ídolo de masas. Afuera, miles de mexicanos siguen llorando tu muerte. Hay setecientas mil personas, son filas interminables por avenida Juárez hasta Doctor Mora. La gente está dispuesta a esperar dos, tres, cuatro, cinco, seis horas para despedirse de ti: aguantan el frío, la lluvia, el cansancio, todo por darte el último adiós. Muchos andan vestidos como tú; otros se desmayan de la emoción. Televisa, por ejemplo, prohibió a sus actores ir a mostrar sus respetos porque la serie sobre tu vida fue transmitida por su competencia, TV Azteca. Poco a poco, las luces de Bellas Artes se fueron apagando y la gente salió.

Te sorprendería saber algunas cosas que han pasado desde que no estás. El pleito por tu herencia empezó muy pronto, después del funeral. Tu fortuna ha generado codicia entre tus hijos. Tu amiga Silvia Urquidi dice que le dejaste once casas y que le pediste ayudar a tu primogénito, Alberto Aguilera, para que reciba lo que le corresponde. La pasión y el amor de tu gente, como tú la llamabas, provocan que se propaguen noticias sobre tu falsa muerte. Hay dudas, especulaciones;

un médico asegura que fuiste asesinado por «envenena-miento». Algunos de tus compañeros dicen que la urna lle-vada a Bellas Artes no contenía tus cenizas. «¿Dónde están las cenizas de Juan Gabriel?» Aseguran que por eso sigues vivo. «¿Por qué lo incineraron tan pronto...?» «Juan Gabriel no ha muerto», afirma Alicia, la psíquica. «Juan Gabriel sigue vivo en algún lugar de México», dice la bruja Zulema.

Efectivamente, mi querido Alberto Aguilera, Juan Gabriel es inmortal, una leyenda.

SANJUANA MARTÍNEZ

Periodista especializada en la defensa de los derechos humanos y en violencia de género, crimen organizado y corrupción. Ha publicado diez libros. Colabora en el portal de noticias *SinEmbargo.mx*, en el periódico *La Jornada* y para medios extranjeros. La revista *Forbes* la declaró una de las cincuenta mujeres más poderosas de México. Su último libro: *Soy la dueña*.

Cuando tú estás conmigo
es cuando yo digo
que valió la pena todo, todo
lo que yo he sufrido.
No sé si es un sueño aún
o es una realidad,
pero cuando estoy contigo
es cuando digo
que este amor que siento es
porque tú lo has merecido,
con decirte, amor, que otra vez he
amanecido llorando de felicidad,
a tu lado yo siento que
estoy viviendo.
Nada es como ayer.

«ABRÁZAME MUY FUERTE»

DEL SURREALISMO AL DUELO

Adriana Malvido

El 8 de mayo de 1990, en el vestíbulo principal del Palacio de Bellas Artes reinaba el silencio mientras artistas y altos funcionarios de la cultura hacían guardia alrededor del féretro de Fernando Gamboa; en medio de la quietud sólo se escuchaba, de atrás, a un Juan Gabriel que ensayaba: «*Aaaay, mi soledad...aaay...mi soledad...*». Los reporteros que cubríamos el velorio del museógrafo pensábamos que la escena era surrealista.

Jamás imaginamos que veintiséis años después, setecientas mil personas harían filas interminables para despedirse de *Juanga* en el mismo recinto, celular en mano para tomarle foto a su retrato y a la urna que guardaba sus cenizas.

Mucho menos sospechamos entonces el contexto que viviríamos en 2016: lejos del espíritu del Grupo Contadora, que nos hermanó con Latinoamérica, que ponía el acento de las relaciones exteriores en la dignidad y era motivo de orgullo por el liderazgo de nuestro país en la región, ahora el presidente de México invita y recibe, sumiso y con los brazos abiertos, a Donald Trump, que lleva más de un año escupiendo odio y amenazas a los mexicanos y al mundo entero. Si alguna vez fuimos lugar de asilo para perseguidos y exiliados, hoy se antepone una supuesta conveniencia comercial que nada tiene que ver con los principios de política internacional que durante gran parte del siglo xx distinguieron a México. La sociedad, con razón, se indigna, se avergüenza. Se habla de traición.

Dos días después, el presidente Enrique Peña Nieto inaugura un nuevo formato de «informe de gobierno» con jóvenes que le aplauden cada respuesta. La pantomima televisada nada tiene que ver con el enojo y la indignación social por la corrupción y la impunidad. Tampoco tiene que ver con el duelo y el dolor que recorren este país por los 78 mil ejecutados desde 2012 (según reporte del semanario *Zeta*), los 27 mil 887 desaparecidos al cierre de 2015 (según Segob), los 4 mil 900 secuestros en los últimos cuatro años o los cientos de miles de desplazados por la violencia que, según investigación de *Milenio*, huyen de Tamaulipas, Sinaloa, Chihuahua, Michoacán, Guerrero...

La indolencia gubernamental frente al dolor de las víctimas de la violencia, sobre todo a raíz de la «guerra contra el narco», es parte de la indiferencia de la clase en el poder hacia las emociones y los sentimientos de la gente, como si estos fueran ajenos al bienestar social que suele medirse sólo a partir de indicadores económicos.

¿Y eso cómo se mide? El termómetro más confiable es el arte, reflejo del tiempo, ahí donde se expresan nuestros sueños y nuestros miedos; donde queda grabado, como diría Andrea Di Castro, «cómo nos sentimos en este mundo, qué esperamos».

Y quizá ninguna expresión, como la música, logra tocar esas fibras hondas y profundas donde habitan sentimientos y emociones. Lo saben los artistas. Y lo sabía Juan Gabriel, que como cantante y compositor era un mago para mover estados de ánimo.

En el álbum de la memoria familiar, retrocedo y encuentro una noche de 1984: era el cumpleaños de mi mamá y para complacerla fuimos todos a ver el *show* de Juan Gabriel en El Patio. Caras largas las del sector varonil de la tribu, que se quejaba del plan; iban para darle gusto a la festejada y nada más. Muy pronto, *Juanga* los sedujo. Lo recuerdo de traje blanco cantando «Siempre en mi mente» recostado en el piso. Y para la mitad del concierto, todos los hombres ya estaban de pie cante y cante, baile y baile con la servilleta alzada.

Unos años después, en 1989, lo vi en el Premier: inolvidables sus versiones de «Querida» o «Caray» y sus larguísimas improvisaciones. Mujeres y hombres, jóvenes y viejos... no había generación ni clase social impermeable a su carisma. Una pareja de banqueros en la mesa bailaban y cantaban sin recato. Músicos, coros, bailarines, mariachis, el pianista... otra vez la apoteosis. Vestía de nuevo un pantalón blanco, pero ahora con una chaqueta de lentejuelas y flecos color plata. *Juanga* dirige al público, corre por todo el escenario, desciende al nivel de las mesas y ya nadie se sienta. «¿Ya están cansados?», pregunta después de tres horas. «¡Noooooo!», le responde un coro multitudinario. «¡Yo tampoco...! *Aaaay, mi soledad...*».

Meses antes, en diciembre de 1988, se había creado, por decreto presidencial, el Consejo Nacional para la

Cultura y las Artes y Carlos Salinas de Gortari nombraba para encabezarlo a Víctor Flores Olea. Pronto, en mayo de 1990, el Palacio de Bellas Artes le abría las puertas a Juan Gabriel y las autoridades culturales enfrentaban la polémica y las protestas: era la primera vez que un cantante popular tocaba el recinto sagrado de mármol y para algunos aquello era un escándalo. Además, lo hacía acompañado por la Orquesta Sinfónica Nacional bajo la batuta de Enrique Patrón de Rueda.

Por aquellos días, en la sección cultural de *La Jornada,* los reporteros debatían si era mejor cubrir uno de los conciertos de *Juanga* en Bellas Artes o asistir al encuentro del Papa Juan Pablo II con intelectuales en la Biblioteca México, ambos la noche del sábado 12 de mayo. Miguel Ángel Granados Chapa me pidió que cubriera el acto de Karol Wojtyla en la Ciudadela, que resultó desconcertante, y es que había pocos intelectuales y muchos grupos de ultraderecha religiosa que se dejaban oír: «¡Viva Cristo Rey! ¡Viva la Virgen de Guadalupe!».

De pie, en el patio central de la Biblioteca México, el Papa leyó su discurso. Advertía que ante la crisis de modelos culturales y en medio de la incertidumbre, «América Latina ha de reafirmar su identidad y ha de hacerlo desde sí misma, desde sus raíces más genuinas». Lo escuchaban, entre miles de personas, Silvio Zavala, René Avilés Fabila, *La China* Mendoza, Oscar Oliva, Pedro Ramírez Vázquez, Guillermo Tovar y de Teresa, Carlos Prieto, Manolo Fábregas, Froylán López Narváez, Feliciano Béjar, Armando Manzanero...

Al final vi a Octavio Paz y lo abordé. Se detuvo, y con una amabilidad que no olvido, sacó de la bolsa de su saco un papel que leyó frente a la grabadora: «Este acto para mí no tiene, y supongo que para nadie, una significación realmente religiosa sino histórica. Mis diferencias y coincidencias con la Iglesia católica y en general con la religión cristiana no han cambiado. Pero más allá de mis ideas y creencias personales, vivimos un momento crucial en la historia política y sobre todo en la historia espiritual de México.

»En 1810 se inició una lucha que se agravó en 1857 y que se ha prolongado hasta el siglo XX. Esa lucha es hoy anacrónica. El jacobinismo de nuestros abuelos liberales es tan anacrónico como el grito "¡Religión y fueros!" de nuestros abuelos conservadores. La visita del Papa cierra un capítulo de nuestra historia, un largo capítulo que ha durado cerca de dos siglos. La separación entre la Iglesia y el Estado es un hecho consumado que nadie discute; pero separación no quiere decir ni guerra ni pelea. Es hora de un mutuo reconocimiento.

»Los mexicanos nos reconciliamos con nuestro pasado y nos reconciliamos con nosotros mismos. Hay un aspecto de las palabras recientes del Papa que quisiera destacar: su condena de la injusta y la egoísta riqueza. La caída en Europa de las dictaduras burocráticas que gobernaban bajo la máscara del socialismo no debe interpretarse como la cancelación de las aspiraciones hacia la justicia social y la fraternidad, sobre todo en México, donde hay tanta gente que sufre. Al contrario, ahora es más urgente denunciar y combatir las inequidades, las injusticias y el crudo materialismo de las democracias capitalistas liberales. La voz de los cristianos ha sido en el pasado y ha vuelto a ser en nuestros días la voz de los desposeídos que piden justicia y de los oprimidos que claman libertad. Pienso en los misioneros del siglo XVI, pienso en Vasco de Quiroga, pienso en Sahagún y, sobre todo, también ahora pienso en los obreros polacos de Solidaridad. Esto es lo que me parece fundamental en la nueva coyuntura histórica y espiritual de nuestra época y por eso vine aquí».

A unas cuadras de la Ciudadela, Carlos Monsiváis había escuchado el concierto de *Juanga* en el Palacio de Bellas Artes y escribía una crónica memorable para *Proceso:* «Y Juan Gabriel en Bellas Artes acomete lo que en él es inevitable, el Desplante, el movimiento desafiante de hombros, la agresividad rumbera, el aprendizaje confeso de las divas, la majestuosidad de quien va hacia la gloria entre la rechifla de los condenados». Al final de su texto el cronista vislumbraba ya, a como iban las cosas, la futura «beatificación» del artista.

Al día siguiente, 13 de mayo, en las primeras planas de los diarios el Papa y *El Divo de Juárez* compartían los espacios junto con la noticia principal: la desnacionalización de la banca mexicana.

Hoy en día ya no es necesario esperar al periódico del día siguiente para informarse, y el mismo domingo 28 de agosto de 2016, en las redes digitales, la noticia de la muerte de Juan Gabriel, a los 66 años, corre como pólvora y sorprende al mundo. Confieso que hacía mucho tiempo que no lo escuchaba, pero al día siguiente por la mañana encendí la radio mientras conducía y me sorprendió la capacidad de una canción para ponerme de muy buen humor: «*Será mañana o pasado mañana, el lunes o el martes, será cualquier día, en cualquier instante... Y olvidaré el dolor con que sufrí...*»

Luego vendrían Trump, el «informe presidencial» y la realidad mexicana, que se nos viene encima todos los días.

El lunes 5 de septiembre, en portada, *El País* publicó un reportaje de Pablo Ferri donde relata cómo en muchas regiones de México los padres y madres de desaparecidos se han convertido en antropólogos forenses y buscan bajo tierra los restos de sus seres queridos. Algo así era tan inimaginable cuando escuchábamos a Juan Gabriel ensayar para su concierto en Bellas Artes, como que un día Norberto Rivera pediría por él en misa mientras condena la homosexualidad y alienta marchas contra el matrimonio igualitario. O como que en pleno siglo XXI una organización de padres de familia quiera borrar la educación sexual de los libros de texto y pretenda eliminar derechos ciudadanos, ya ratificados por la Suprema Corte, a la comunidad gay.

Con todo, el impacto de *Juanga* en Bellas Artes sorprendió hoy igual que ayer y, como en sus canciones, durante su homenaje el 5 y el 6 de septiembre convivieron la fiesta y la tristeza. Pero también lo insólito: Elsa Rebeca Reyes llegó desde Ecatepec el día 5 para ver si, entre tanta gente, encontraba a Lidia, su hermana desaparecida: ella «fue la que nos enseñó a cantar a Juan Gabriel, a bailarlo, a cantarlo...», y dice: «Quiero que sepa que yo ya estoy aquí, que cuenta conmigo [...] que estoy aquí despidiendo a nuestro ídolo».

En la misma ciudad y con la misma gente. Pero en un México infinitamente más triste, aunque siempre esté dispuesto para la fiesta.

ADRIANA MALVIDO

Es periodista cultural desde hace 37 años. Ha publicado ocho libros, entre ellos *Nahui Olin, la mujer del sol; La Reina Roja* y *El joven Orozco. Cartas de amor a una niña*. En 2011 recibió el Premio Nacional de Periodismo. Publica su columna semanal «Cambio y fuera» en *Milenio Diario* y colabora en los suplementos *Laberinto* y *Dominical* del mismo medio.

Te pareces tanto a mí
que no puedes engañarme.
Nada ganas con mentir,
mejor dime la verdad.
Sé que me vas a abandonar,
y sé muy bien por quién lo haces.
Crees que yo no me doy cuenta,
lo que pasa es que ya no quiero
más problemas con tu amor.
Que te vas a ir con él,
está bien, yo no me opongo.
Te deseo que seas feliz
pero te voy a advertir
que si vuelves otra vez,
no respondo.

«INOCENTE POBRE AMIGO»

INSTANTÁNEAS
José Luis Martínez S.

—Es bien chingón el puto.

La frase de Isabel Polanco, secretaria en la revista *Su Otro Yo*, me hizo reír esa mañana de 1985 cuando le pregunté cómo le había ido en el concierto de Juan Gabriel en El Patio; ahorró durante meses para poder ir con su familia al espectáculo del cantante que en 1971 comenzó a escalar la cumbre de la que ya no descendería. Como todos, ella advertía la homosexualidad de Juan Gabriel, pero a nadie le importaba cuando con sus canciones y sobre el escenario provocaba una emoción profunda, un incesante desvarío para el que contaba con la complicidad de sus músicos y desde luego la de un público fervoroso que cada noche colmaba el local de Atenas 9 esquina con Bucareli, enfrente de la Secretaría de Gobernación.

Isabel —le decíamos *La Bip-Bip*— era risueña y malhablada. Adoraba a Juan Gabriel y a toda hora cantaba sus canciones, incesantes por lo demás en la radio e infaltables en el *hit parade* (en el que «Querida» se mantuvo durante un año en primer lugar). Sin embargo, nunca dejó de llamarlo *puto*, quizá como una forma de señalar que no le importaban sus preferencias sexuales sino el hecho de que era un chingón.

En el libro *El día que cambió la noche* (Grijalbo, 2016) consigno mi experiencia, en 1982, en el legendario centro nocturno en un *show* de Juan Gabriel:

El Patio tenía dos niveles y en medio una gran pista, como puede observarse en la película *La reina del trópico*, protagonizada por María Antonieta Pons. La recepción era pequeña y en la calle las personas se amontonaban, esperando que comprobaran su reservación y las condujeran a su mesa. En el escenario, una orquesta amenizaba la espera. Después vendría la cena —de tres tiempos—, la oportunidad de bailar y el *show* que, invariablemente, los del piso superior verían amontonados en el barandal.

Recuerdo el frenesí por Juan Gabriel, a quien los parroquianos de El Patio no paraban de celebrar sus ocurrencias, sus desplantes. Cantaba, bailaba, se subía a las mesas, acariciaba a las mujeres, y los gritos de emoción y los coros gigantescos hacían retumbar las paredes del viejo centro nocturno mientras la pista se iba llenando de flores y servilletas y prendas que llovían de todas partes. Estábamos en el primer año del gobierno de Miguel de la Madrid, la crisis económica parecía insuperable, pero en Atenas 9 nadie se preocupaba de nimiedades. Los meseros iban de un lado a otro de prisa, sirviendo la cena y, desde luego, las bebidas que encendían y afinaban las gargantas que coreaban el gran éxito del momento, «La farsante»:

Yo creía que eras buena,
yo creí que eras sincera;
yo te di mi cariño,
resultaste traicionera.
Tú me hiciste rebelde,
tú me hiciste tu enemigo,
porque me traicionaste
sin razón y sin motivo.

Las temporadas de *El Divo de Juárez* se alargaban en El Patio —el año del terremoto hizo 45 fechas— y las calles de Atenas y Bucareli tenían una intensidad y una alegría que después de esos tiempos poco a poco fueron desapareciendo, llenándose de negocios vacíos y horas sombrías.

La primera vez que vi a Juan Gabriel fue en el Teatro Blanquita, a mediados de los setenta, cuando yo aún estudiaba en la universidad. El teatro estaba a reventar y él lucía elegante y esbelto, muy lejos de la imagen abotagada y las criticadas lentejuelas de sus últimos años. Todos festejábamos sus contoneos, sus gestos, sus frases de gratitud al público que lo había encaramado a la categoría de ídolo, pero sobre todo cantábamos sus canciones. Lo vería después en El Patio, en el Auditorio Nacional, en Premier, en Bellas Artes y en los palenques, donde hasta los muy machos se desgañitaban y lagrimeaban cantando «Amor eterno».

Nunca compré un disco de Juan Gabriel, pero me sé varias de sus canciones y «Se me olvidó otra vez» ocupa un lugar especial en mi corazón, sobre todo cuando dice:

Por eso aún estoy
en el lugar de siempre,
en la misma ciudad
y con la misma gente.
Para que tú al volver
no encuentres nada extraño
y sea como ayer
y nunca más dejarnos.

En la revista *Su Otro Yo*, Carlos Monsiváis escribió la crónica del primer concierto de Juan Gabriel —a finales de 1981— en el Auditorio Nacional, todavía un espacio incómodo, frío, deteriorado. Habla del joven amanerado, víctima de periódicos amarillistas que dan cuenta de sus supuestas orgías, de cómicos albureros que lo ridiculizan en sus rutinas («Un día iba Juan Gabriel con su perrito y se encontró con un marinero...»), enumera sus limitaciones (vocabulario reducido, desentonado, de poca voz), destaca su confianza inamovible y refiere la actitud de las jóvenes, que lo miran como un amor imposible:

> Una chava responde al concierto con un rostro catatónico. Otra se ruboriza cuando prenden las luces para cantar «Siempre en mi mente». [...] A la salida, las jovencitas se apiñan en torno al que vende calendarios o fotos (60 pesos). Juan Gabriel es su novio ideal, o algo más, el amigo inaccesible, el novio inalcanzable (también ellas confían secretamente en los rumores). Él es lo que jamás obtendrán, y por lo mismo, el ideal que se nulifica con la admiración excesiva.

El 23 de mayo de 1996 fui al concierto de Juan Gabriel en el Auditorio Nacional: festejaba veinticinco años de carrera, lo acompañaban una orquesta, el imprescindible Mariachi Arriba Juárez y dos coristas. Era un espectáculo impresionante, con Juan Gabriel bromista e infatigable. No recuerdo si el *show* se prolongó por cuatro o más horas, pero sí que canté como nunca y dos o tres ocasiones hice apresuradas visitas al bar para beber una copa. En una de ellas coincidí con Leopoldo Meraz, *El Reportero Cor,* el periodista de espectáculos más importante de aquellos años.

—¿Qué le parece? —me preguntó.

Adentro el delirio era incesante, un coro gigantesco acompañaba cada canción y los aplausos rubricaban todas y cada una de las palabras de Juan Gabriel. Escuchamos las carcajadas ante sus frases de doble sentido y sus comentarios jocosos; apresuramos nuestros tragos, deseosos de regresar a la sala.

—Muy bien —le respondí.

—¡Es un fenómeno! —me dijo con su acostumbrada seriedad.

Tenía razón. Lo comprobé, una vez más, cuando la noticia de su muerte, el 28 de agosto de 2016, recorrió el mundo y cimbró al país, revelando una devoción sólo comparable a la que suscitó Pedro Infante en los años cincuenta del siglo XX. Era un fenómeno, un artista que supo guardar su intimidad en un mundo que todo lo mira y todo lo exhibe.

Juan Gabriel, entre otras virtudes, tuvo la valentía de no disfrazar sus preferencias sexuales. Como Monsiváis, nunca se declaró gay, pero ni falta hacía. No salió del clóset por una sencilla razón: jamás estuvo dentro, o como diría Braulio Peralta respecto al autor de *Días de guardar:* vivió en un clóset de cristal.

En una entrevista con Roberto Diego Ortega y Víctor M. Navarro, publicada en *Su Otro Yo* en junio de 1978, los periodistas le preguntan al artista en ascenso: «¿Qué piensas del movimiento de liberación gay?». La respuesta es simple, categórica y aun temeraria en una época de recalcitrante homofobia: «Es una cosa que se respeta en todo el mundo, porque de verdad es una liberación constante. Si un hombre quiere tener seis hijos, está en todo su derecho siempre que no moleste a los demás. Si uno quiere ser gay está también en todo su derecho, siempre que no moleste a los demás».

La opinión de Juan Gabriel no es desdeñable en un país donde abundaban, y abundan, las simulaciones y las mentiras, los susurros y los chismes, la intolerancia y los linchamientos disfrazados de crítica, en los cuales los argumentos palidecen ante el poder de las injurias.

Juan Gabriel no era un hombre de libros, le fastidiaba leer. Pero como tanta gente del pueblo, tenía una sabiduría adquirida en la vida y una sensibilidad que le llevó a componer canciones que todos reconocen, aun aquellos a los que no les gusta su música.

—¿Cómo son tus momentos de inspiración? —le preguntan Roberto Diego Ortega y Víctor M. Navarro en su entrevista.

—No sé —responde el compositor—. No sé cómo son: *llegan*, llegan y ya. Me pongo a escribir y ya.

Les explica que muy pocas de sus canciones reflejan su vida, una de ellas «De sol a sol» («*Mi padre fue un arriero de Jacona, Michoacán; mi padre fue campesino, mi madre, por igual, sembrando la tierra de sol a sol*»), pero en general son canciones *imaginativas*, «con mensajes de mucho amor, de mucha esperanza, de mucho dolor».

—A mí me parece que tu canción «Te voy a olvidar» tiene una carga machista muy evidente —le dice uno de los periodistas.

—No —responde Juan Gabriel—, yo creo que más bien es seguridad. El machismo entra cuando dicen que uno siempre tiene que ser el fregón, que deja hijos por aquí y por allá y muchas cosas más. Pero esa es una simple canción que no soluciona ningún problema y tampoco perjudica.

El periodista insiste:

—Cuando dice «*si me buscas es porque te conviene*», implica una decisión apoyada por el dinero que el hombre tiene y la mujer no...

Juan Gabriel responde con otra pregunta:

—¿Y a ti quién te dijo que se la escribí a una mujer?

—Bueno, yo no estoy diciendo eso... —balbucea el reportero y Juan Gabriel concluye:

—Son maneras de decir, son canciones y como canciones se quedan.

En esa entrevista, extensa, provocativa, amena, los reporteros le dicen:

—¿Cómo te sitúas frente a ídolos como Pedro Infante y Jorge Negrete?

La respuesta es un presagio que se cumplió el domingo 28 de agosto:

—Nomás deja que me muera. Para ser un ídolo así en México necesita uno morirse.

En Bellas Artes sus admiradores desfilaron el 5 y 6 de septiembre para despedirse de él. Fueron más de setecientas mil personas que pasaron frente a la urna con sus cenizas, muchas más se quedaron fuera del edificio donde el secretario de Cultura, Rafael Tovar y de Teresa, dijo: «Aquí en el Palacio de Bellas Artes, Juan Gabriel vivió uno de los capítulos más importantes de su vida artística. Aquí, en este recinto, casa de la cultura de México, le decimos adiós, le decimos gracias. ¡Viva Juan Gabriel!».

Escucho a Tovar y viene a mi memoria el concierto de 1990, con la Orquesta Sinfónica Nacional dirigida por Enrique Patrón de Rueda. Nunca había visto algo igual en el escenario de Bellas Artes, con los músicos bailando, gozando las canciones de Juan Gabriel, con el director dirigiendo como si fuera un chamaco en la hora del recreo, feliz y divertido, con el público coreando canciones inscritas en el *soundtrack* de sus anhelos, de sus desencantos. De su vida.

Paso frente a Bellas Artes la tarde que llegaron sus cenizas, miro a la multitud que espera paciente el momento de despedirse de su ídolo, la escucho rezar, cantar, portar orgullosa la imagen del mayor icono popular de nuestro tiempo y pienso: Juan Gabriel era un mago que conocía todos los secretos del alma.

JOSÉ LUIS MARTÍNEZ S.
(Ciudad de México, 1955)

Director del suplemento cultural *Laberinto* de *Milenio Diario*. Desde 1979 escribe en periódicos y revistas nacionales. Es coautor de los libros *De la región al mundo* (Gobierno del Estado de México, 2005) y *País de muertos* (Debate, 2011), y autor de *La vieja guardia. Protagonistas del periodismo mexicano* (Mondadori, 2005).

Sabes, amor,
yo nunca te he olvidado.
Te recuerdo en cada estrella
siempre que aparece.
Sabes, amor,
siempre te he recordado.
Y te miro en cada flor
que al colibrí se ofrece.
Sabes, amor,
yo siempre te he encontrado
en cada malva que florece.
Y en cada pájaro que canta
cuando amanece y anochece.
Yo te recuerdo.

«Yo te recuerdo»

TÚ DE MÍ, AMOR, TE ENAMORES TÚ...

Juan José Rodríguez

La primera nota de prensa que escribí con un jefe de información leyendo sobre mi hombro cada renglón (y sugiriéndome frases muy buenas o quitándome las fallidas) fue después de un concierto de Juan Gabriel en 1990, con María Antonieta Barragán Lomelí, quien me enseñó que el periodismo es otra forma de la lucha libre: rapidez, imaginación, equilibrio y saber caer con gracia cuando sucede. Las palabras eran suyas; provenía de la escuela de la crítica de danza Patricia Cardona.

Fue el concierto del Cuarto Festival Cultural Sinaloa, en la plaza de toros de Mazatlán. El artista irradiaba su polémico momento cumbre, poco después de haberse presentado en el Palacio de Bellas Artes: algunos críticos comenzaron a referirse desde entonces al recinto como el *Teatro Blancota* o *el Blanquito*, porque a partir de ahí se abrió más a los artistas populares. (La primera fue una sinaloense, Lola Beltrán.) Aquí en Mazatlán no hubo repercusión negativa en los medios ni en el público, que colmó el espacio e hizo algo similar al día siguiente en Culiacán, evento al que asistió el gobernador en turno, Francisco Labastida Ochoa.

Juan Gabriel había alcanzado la plenitud artística; era su mejor hora. Hay dos personas dentro de uno: cuando el artista se retira o hace caso omiso de su realidad inmediata, es que busca conciliar ambas tempestades que brotan dentro de sí mismo; eso aviva el fuego de la creación. El credo de Alberto Aguilera era saber ser feliz con la forma en que es uno mismo —según reza una barda con su rostro en Ciudad Juárez—, vivía alejado de muchas cosas en ese momento y eran raras las entrevistas que otorgaba. Fue el primer artista popular mexicano que puso como barrera el hecho de cobrar por conceder entrevistas: sabía que una conversación suya era material suficiente para aumentar un tiraje o rodear de un aura de respeto a un medio o a un simple reportero.

La creación es como un momento de luz, un día entre dos noches o una espada que corta de tajo la penumbra. El cantautor es una mente en estado de sitio, asolada por realidades y demonios personales o impersonales, criaturas inexistentes que insisten en estar presentes en el escenario o el estudio de grabación; luz artificial, o mejor aún, una lámpara incandescente, que al frotarse y quemarse hace aparecer al genio. Eso era Juan Gabriel en escena, pasados los primeros minutos formales de sus conciertos; ya cuando llegaba la hora del popurrí de sus temas bailables o prestados, era una incontenible fuerza de la naturaleza.

«Todo hombre es un instrumento y la vida su melodía», dice un muy antiguo proverbio judío. Este señor combinó ambas cosas y, sin decirlo ni asumirlo, fue pionero en la aceptación de la diversidad en este país. Le costó burlas y algunas caídas artísticas, pero siempre salió indemne de esas pruebas y el público le dio su ovación pública y clandestina.

Fuera de ironías y sarcasmos, Juan Gabriel es nuestro García Lorca en cuanto a la música popular; hasta Jorge Castañeda habló de él en Foro TV, sosteniendo que fue parte de «la modernización del alma mexicana». Otros lo han comparado con Michael Jackson, pero *Juanga* nunca cayó en los delirios del mal gusto o bajo el dedo índice de los humillados u ofendidos.

Pero también, qué triste es vivir en una época donde «el idiota de la semana» es tema de discusión social. Luego de su muerte eclosionaron lamentables comentarios, con los que nos remontamos hasta llegar a Ninel Conde y Alicia Machado. Qué tiempos aquellos en que Manuel *El Loco* Valdés decía una imprudencia en la tele, como aquel juego de palabras que involucraba a Benito Juárez, y pasaban años y años sin que otra personalidad mediática ocupase triunfal su sitio. Este mundo de opinólogos hoy hace ver a Paco Stanley como Descartes y a Paco Malgesto como Sócrates; hasta Pepe Alameda, el cronista de toros, sabía dar un verdadero discurso inteligente. Quizás al pasar el tiempo nadie recuerde con precisión los dislates de Ninel Conde, pero muchas cosas seguirán vigentes; hemos vuelto a ser una sociedad que necesita subir a la pira una cantidad constante de cautivos para abrirlos con el hacha de sílex y alzar el corazón sangrante para que nuestro quinto sol nunca se apague.

Juan Gabriel, como Rigo Tovar, empezó cantando en inglés. Se volvió un fenómeno de masas social, económico y político a ambos lados de la frontera; él, que vivía én la frontera. Si lo comparamos con Gabriel García Márquez, en cuanto fenómeno cultural de masas de fin de siglo, «Querida» es el equivalente a *Cien años de soledad* en su trayectoria creativa.

Conclusión: Juan Gabriel es como el *I Ching*. Tiene una canción para explicar cada estado de la mente y del sentimiento humano; elíjase al azar entre sus obras completas y se encontrará siempre en cualquier canción un eco de la duda que se tenga en ese momento.

Para cerrar el tema, podemos decir que Juan Gabriel es un ejemplo de sanación a través del arte... Tuvo antes del éxito una vida digna de Sófocles y después todo fue un filme feliz de Pedro Almodóvar. Murió en una gira intensa seis años después de haber llegado a la tercera edad. Nadie lo ha dicho, pero el temor de muchos artistas es fallecer durante una gira, lejos de su hogar y de los seres queridos. Por fortuna, el señor Juan Gabriel solía viajar con buena parte de sus familiares en esos momentos.

Y creo que él, en lo personal y en lo privado, no hubiera dado gran importancia a los comentarios posteriores.

JUAN GABRIEL Y YO

A finales del siglo pasado me tocó ganarme la vida como jefe de prensa del carnaval de Mazatlán de 1996 a 2001. Entre los retos que enfrenté junto con el equipo de mi amigo Raúl Rico González estuvieron la celebración de los primeros cien años del carnaval en 1998, los festejos del nuevo siglo y el carnaval del milenio del año 2000; si bien cada carnaval era complejo y toda una arena de desafíos con los medios locales, nacionales e internacionales, guardo con especial simpatía un gran concierto de Juan Gabriel que se llevó a cabo como un evento especial semanas después de un carnaval, debido a que su calendario de giras impedía presentarlo en las fechas de la máxima fiesta del puerto: al igual que la Semana Santa y los festejos de otras religiones, se rige bajo el muy caprichoso calendario lunar.

El equipo con que se trabajó en la presentación del concierto era muy especial y estaba formado por un grupo de operadores y contadores altamente calificados. Tan complicado y peculiar era este evento que, para dar una idea, las entradas en taquilla eran depositadas inmediatamente en una cuenta mancomunada por ambas partes y, sólo al final de varios días de revisiones y pagos de facturas, el municipio y el equipo de la gira se repartían las ganancias respectivas, haciendo cheques aprobados por las dos entidades participantes... Hasta se les facilitó una oficina con privacidad y lindas habitaciones propias para realizar sus movimientos internos con tranquilidad.

De ese equipo recuerdo con especial afecto a Anita Castro, que oficialmente era la nana de Juan Gabriel (después nos dimos cuenta de que tenía más poder del que aparentaba), y con quien me tuve que poner de acuerdo sobre los detalles de la rueda de prensa, asunto con el que siempre batallaba cada año con diversos artistas, fueran Mijares, Lucero, Emmanuel o Ana Gabriel, por recordar a los más impactantes del momento. No siempre era fácil mi reto; el artista a veces llega en vuelos apresurados, sale muy cansado del evento o de plano no tiene humor. Me tocaron casos en que venían peleados con sus mayoristas y armaban dramas para ser despedidos o cancelados sus contratos. Yo tenía una estrategia decreciente para conseguir la rueda de prensa, desde emboscarlos en el aeropuerto, efectuarla en el hotel sede con seguridad especial y presencia vigilada de los medios, hasta jugar mi última carta: los dos reporteros más importantes de los medios locales con mayor presencia y un fotógrafo de mi equipo, que controlaría qué fotos se llevarían a sus secciones de prensa: lo mínimo necesario para hacer la rueda de prensa en el camerino.

Con Anita Castro no tuve muchos problemas porque la rueda de prensa se negoció desde un principio; me contó que su sobrina, Daniela Castro, quien ese momento triunfaba en las telenovelas, había enfrentado muchos problemas en ese tipo de comparecencias y me pedía dar mi mejor esfuerzo. Una opción era que yo consiguiera una sala del aeropuerto y un permiso para que ella subiera al avión y lo convenciera de realizarla ahí mismo, pero me aclaró que si venía en *pants* no la daría para no verse desaseado; Juan Gabriel, el gran divo de leyenda, llegaría a Mazatlán en vuelo comercial.

Como era jefe de prensa, me enteraba de todo lo que pasaba en la organización. Así supe de la larga lista de requerimientos para su camerino: desde un tipo específico de sofá, taburetes, un cuadro al óleo con rosas (el cual estuvo a punto de comprar, por cierto, pero el dueño se nos fue muy arriba), hasta detalles inesperados como siete cuchillos con sierra, siete cuchillos sin sierra, catorce mandarinas, veintiuna manzanas, veintiocho naranjas, etcétera.

No me sorprendieron esas excentricidades, ya que es algo muy común en ese medio; por ejemplo, en 1993 Luis Miguel mandó poner previamente una cruz de sal abajo del escenario y luego se corrió el rumor que lo había hecho para vengarse de Mazatlán porque le había ido muy mal en su presentación. Olvidé compartir un refrán muy nuestro: *no hay carnaval sin mitote.*

Lo único fuera de lo común que pidió el equipo era una cierta cantidad de recipientes con agua del río, recolectada donde este se une con el mar... Para obtenerla comisionamos a nuestro amigo Filiberto Cañedo, jefe de compras y propietario de un *jeep*, quien se dirigió a la desembocadura del río Presidio acompañado por Anita Castro, quien verificaría la autenticidad de la procedencia de dicha agua. Sólo mi amigo Raúl Rico se dio cuenta de que los otros objetos solicitados eran en su mayoría múltiplos de siete. Nadie esperaba que la revelación de esa lista, filtrada en Culiacán durante un segundo concierto, provocaría un conflicto con el equipo de Juan Gabriel.

La rueda de prensa finalmente se realizó en privado en un hotel; yo fui acompañado de los dos medios más importantes de Mazatlán y un fotógrafo para hacer guardia. El artista pidió demorar unas horas más y nos invitaron a comer a un hotel vecino, el trato fue amable siempre. Al rato mandó a preguntar si había un reportero de radio y expresó que deseaba ver las notas previas que habían salido acerca del evento: tuve que ir a mi casa con un chofer a recoger los periódicos de toda la semana y conseguir a un reportero esa misma tarde de sábado, cuando las radiodifusoras generalmente no tenían locutores en vivo; por fortuna, en

Grupo ACIR había uno disponible que tenía una asistente de servicio social y podía dejarla a cargo de la cabina. Así fue como conocí al reportero Sergio Reynosa, que por fortuna llevaba su uniforme con el logotipo de la empresa y una grabadora también con distintivos.

Todo esto trascendió y en Culiacán la oficina de prensa del equipo Tomateros, en cuyo escenario se llevaría a cabo el segundo concierto, filtró a los medios la lista de Juan Gabriel con sus peculiares requerimientos, publicándose con el encabezado: «¿OTRA COSITA MÁS, JUAN GABRIEL?».

Pero antes de eso, previo al concierto, me tocó entrar en un camerino secundario donde me llevé el susto de mi vida: por sorpresa me topé frente a frente con el propio Juan Gabriel. Lo noté más delgado y rejuvenecido, con una ropa verde muy exótica y algo barata, cosa que no me sorprendió porque a veces el vestuario de los artistas no se ve de tanta calidad sin las luces que lo realzan: eligen telas cómodas que hasta lucen opacas. Aparte de que lucía más joven que el día anterior, noté su cara levemente desgastada, como le ocurre a la gente que se desvela mucho, aunque el día anterior lo había visto cachetón y rozagante. ¿Qué estaba pasando? ¿Se trataba de un doble?

Sí, era un doble: un imitador suyo que año con año hacía presentaciones en diversos centros nocturnos del país. No estoy seguro de si se hacía llamar Juan Miguel, *La Voz Gemela de Juan Gabriel*. Era un miembro del coro, conformado por otro cantante calvo de edad madura y una joven bellísima; los tres cantaban en una tarima colocada al lado izquierdo del escenario y realizaban coreografías sencillas. En ese momento me cayó mejor Juan Gabriel:

me pareció un buen detalle de su parte, muy generoso y humano, darle trabajo a un imitador suyo como parte de su coro en la gira. Esa magnanimidad sólo la tienen los grandes hombres.

Al día siguiente, en el segundo concierto, su voz falló: Juan Gabriel empezó a cantar con su energía característica y poco a poco fue enronqueciendo. Pidió varias veces disculpas al público; las ovaciones no se le ningunearon. Entre la audiencia estaba la esposa del gobernador en turno, que bailaba cada una de sus piezas acompañada de su séquito de esposas de funcionarios.

Para mí el momento cumbre fue cuando entonó «De mí enamórate», éxito que había puesto de moda Daniela Romo como tema musical de la telenovela ochentera *El camino secreto*: «*Para realizar mi sueño qué haré, por dónde empezar, cómo realizaré tu tan lejano amor, si lo único que sé es que ya no sé quién soy, de dónde vengo y voy*». Habían bajado las luces del escenario para darle un ambiente íntimo a la hora de los temas románticos y el público coreaba en un tono confidencial los fragmentos que se sabían de tanto escucharlos en la emisión nocturna. (Recuerdo a mis hermanas, y en cuanta casa uno iba de visita a esa hora y en ese tiempo, que siempre la cantaban las mujeres al unísono al inicio de dicho melodrama estelar, previo al noticiero de Jacobo Zabludovsky.)

Desde que te vi
mi identidad perdí,
en mi cabeza estás
sólo tú y nadie más,

y me duele al pensar
que nunca mío serás,
de mí enamórate.

«*Mira que... eee... eee... EEEE*», era una parte de la melodía
que le exigía un mayor despliegue vocal y lo hizo, corriendo
el riesgo de perder el tono; Juan Gabriel no escatimó el
poder de su garganta.

El día que de mí
te enamores, yo
voy a ser feliz,
y con puro amor
te protegeré,
y será un honor
dedicarme a ti,
eso quiera Dios...

En ese momento inició la catástrofe. Juan Gabriel se quedó
sin habla; su voz se quebró y quedó muda en el momento
cumbre de la noche. Pero también inició la magia: el mila-
gro ocurrió cuando su imitador, en lo alto de la palestra del
coro, lanzó su voz al rescate uniéndola, triunfante y viva, a
la de su ídolo cuando esta se desvanecía.

El día que de mí, amor,
te enamores tú,
voy a ver por fin
de una vez la luz.

La voz retumbó igual a la del Juan Gabriel de la juventud: el público prorrumpió en aplausos y los técnicos le arrojaron la luz de un reflector al imitador que había salido en rescate de su dios vivo. Alberto Aguilera Valadez sonrió satisfecho, señaló con orgullo a quien cantaba solitario en lo alto del escenario entre los dos coristas, que dejaron de bailar, y luego de recibir una copa de agua de un miembro de su *staff*, retomó la canción como si nada hubiera pasado; había concluido el generoso momento de gloria, inesperado como todos los dones y accidentes del destino. Decidí volver al camerino de prensa que había en el *backstage* para procesar ese mágico instante, ideal para la escena final de una película sobre la vida de Juan Gabriel o quizá la difícil historia misma del imitador, y tras bambalinas Anita Castro y parte de nuestro equipo rociaban el camerino del cantante con el agua del río de Mazatlán mientras el concierto continuaba hasta llegar con éxito a su fin. La multitud aplaudía con la ferocidad de un océano que sólo se puede apaciguar con otra fuerza mayor de la naturaleza, una fuerza con nombre de huracán.

JUAN JOSÉ RODRÍGUEZ
(Mazatlán, 1970)

Es narrador y ha ejercido el periodismo por más de treinta años. Ha incursionado en el cine como guionista. Su novela más reciente es *La novia de Houdini*. Actualmente dirige el Centro Cultural de la Universidad Autónoma de Sinaloa en Mazatlán.

A mi mente no le gusta recordar.
Aunque no vuelvas más,
no te quiero olvidar.
Yo te pondré
en un humilde corazón.
Mi mente nunca lo convencerá,
ni a mí para olvidarte.

«AUNQUE NUNCA VUELVAS»

JUAN GABRIEL MALDITO

Juan Carlos Bautista

Si fuera sólo
       desmadrarse tres minutos.
Pero la canción,
Juan Gabriel maldito,
se clava en el hueso
      y se entierra detrás de la pupila.
Como enfermedad que dura más allá del microbio,
dulcemente nos quema.

Tú lo sabías,
      emergiendo en púrpuras de tu abrigo,
        con la voz vasta
      del que ha sufrido la pasión de todos.

Tú, profeta
    —las mieses cayendo sobre el corazón de tus pobres
      y el sexo de los eunucos coronándote—,
        no conocías lástima ni reposo.

Ahí va tu evangelio:
en las cantinas, en los tristes hotelitos
y en el radio de las niñas que sueñan.

Esta es la verdad,
el cuerpo y la sangre
de los que se alzan contra sí mismos.

ÍNDICE

Juan Gabriel. Lo que se ve no se pregunta, compilación de Braulio Peralta,
se terminó de imprimir y encuadernar en noviembre de 2016
en Programas Educativos, S.A. de C.V.
Calzada Chabacano 65A,
Asturias CX-06850, México

31901062628302